社会力育ての現場を訪ねて

—ラボ教育メソッドの魅力と価値

門脇厚司 著

まえがき

私が「ラボ教育センター」という教育関連の会社があることを初めて知ったのは今からほぼ二〇年前のことです。ということは、二〇年前まで私はラボ教育センターの存在をまったく知らなかったということです。それから遡ること四〇年も前に東京の大学に入り、大学院で教育学の勉強をし、三〇年も前から大学で学生に教育学に関わる講義をしてきたのに、です。今となっては「お恥ずかしい」というしかありませんがそれが本当でした。

ラボ教育センターのことをまったく知りませんでしたから、当然、「ラボ・パーティ」とか、「ラボ・テューター」とか、「テーマ活動」とか、「ホームステイ」とか、「ラボっ子」とかいった言葉もまったく耳にしたことはありませんでした。

そんな私が、ラボ教育センターの存在や、やってきたことを高く評価するようになったのは、ラボ教育センターという企業が独自の教育方法を考え、教材を工夫しつつ、五〇年以上も前から、私が二〇年前に提唱し促してきた「社会力育て」の教育を実際に実行し成功していることを知り、確認できたからでした。

ラボ教育センターとのよき縁ができてから、私は様々な機会にラボ教育センターの活動や催しなどに関わってきました。ラボっ子たちが実演するテーマ活動を実際に見たり、テューターが主宰するラボ・パーティの現場を見たり、テューターたちの実践報告を聞いたりしてきました。また、テューターたちが集まって勉強する機会に講師として招かれて講演したり、そうした折に何人かのテューターと個別に話をしたり、各パーティが発行する周年記念誌を読んだりもしてきました。ラボ発足四〇周年記念事業では、その一環としてラボOB・OGたちにアンケート調査をしたり、個別にインタビューしてもきました。その結果をもとに『大人になったピーター・パン』（アートデイズ）という本を刊行することにも関わってきました。そして現在は、アメリカをはじめラボっ子を海外でホームステイさせる事業を行っている公益財団法人「ラボ国際交流センター」の理事の一人になっていますし、ラボ教育センターの四〇周年を記念して発足した「ラボ言語教育総合研究所」の代表を務めてもいます。

ここまで深く関わるようになれば、当然、ラボ教育センターが行ってきた、また行っている教育についての理解が深まります。そして、理解が深まり、その教育の魅力が分かれば分かるほどラボ教育センターが行っている教育の魅力と成果を多くの人たち、とりわけ子育てに悩み、あれこれ思案している母親や父親たちに知ってもらいたくなります。

では、どうすれば、ラボ教育センターが行っている教育の魅力を理解してもらえるだろうか。残念なことに、ラボ教育センターが行っている教育のやり方を一言で説明するのは簡単ではありません。というのは、①ラボ教育センターが苦心して作っている英語と日本語で物語を聞ける「ラボ・ライブラリー」を何度も聞き、②テューターが主宰する異年齢集団の「ラボ・パーティ」で交流し、③交流するラボっ子たちと「テーマ活動」に取り組み実演し、④ラボっ子たちが全国から参加して行う「キャンプ」に参加し、⑤海外に出かけ、一か月間「ホームステイ」を体験する、これらを合わせた行為や話し合いや交流や体験のすべてが、ラボ教育センターが行っている教育の内容ですから。

私はこれらすべてを合わせた教育のやり方とその内容をまとめて「ラボ教育メソッド」と呼んできましたが、その特徴や魅力や価値を理解してもらうのは極めて難しいことです。ではどうするか。この上は、このような諸々の体験活動に参加し、人間として成長し、大人になり、各界で活躍しているラボっ子OB・OGたちのその後と現在を紹介し、「このようなことを経験したら、このような人間になる」という実例を自分の頭や感覚で理解してもらうのが一番いいのではないかということで、実際にそうしてみることにしました。

こうしてまとめたのがこの本です。ラボっ子OB・OGたちの人となりをじっくりと見届けていただければ幸いです。

目次

まえがき　1

第一章　ラボ教育センターの歩みとこれまでの実績――7

第二章　ラボ教育メソッドというユニークな教育方法――13

第一節　質の良いラボ・ライブラリーの聞き込み　14

第二節　ラボ・パーティへの参加と多様な活動への取り組み　19

第三節　幅広い年齢集団でのテーマ活動への取り組み　25

第四節　各種のラボ・キャンプと宿泊合宿への参加　33

第五節　外国でのホームステイ体験　41

第三章　ラボ教育体験で育った人たちの今――51

大町洋輔さん／河野淳子さん／芹澤健一さん／亀井雅敏さん／

藻谷浩介さん／大脇　崇さん／栗崎周平さん／若田光一さん／

松崎悠希さん／楡木祥子さん／大和佐江子さん／宮沢和史さん／岡田　力さん／高津玉枝さん／旗手啓介さん／三輪えり花さん／中越典子さん／村田直樹さん／米田実礼さん／岩崎桂以子さん／神山典士さん

第四章　ラボっ子OB・OGたちの特性 148

第五章　社会力が人類社会を救う 168

第一節　変容する若い世代を追って 168
第二節　若い世代の異変の内実 171
第三節　子どもたちの変質を正す 176

あとがき 182

装幀／滝口裕子

第一章　ラボ教育センターの歩みとこれまでの実績

本題に入る前に、私が「ラボ教育メソッド」と呼んでいる独自のやり方によって多くの子どもたちを育ててきた「ラボ教育センター」とは、どのような組織で、いつ創業し、どのような考え方にもとづき日々の活動を行ってきた会社なのか、また、これまでどのような実績を残してきたのかについて、大まかに説明をしておきたいと思います。

「まえがき」でも書いたように、二〇年ほど前に「ラボ教育センター」と関わりを持つまで、教育について専門的に勉強していたにも拘わらず、このようなユニークな教育を行っているところが、しかも企業として行っているところがあることをまったく知らないでいました。それだけ、ラボ教育センターの存在は世間一般にはあまり知られていなかったということで、そのような状況は今でもさほど変わっていないのではないかと思います。

一九六二年の暮れ近くに、株式会社テック（東京イングリッシュセンター）を立ち上げ、主に大人が英語を独学で勉強するための学習機械を作り、販売するという前史があったようですが、「ラボ教育センター」として正式にスタートしたのは一九六六（昭和四一）年三

ラボ・パーティ教育を担うラボ・テューター

月で、少人数のグループを作り、英語を使いながら子どもたちと様々な活動をすることで子どもを育てる、というのが事業の目的でした。
　このような活動を事業として行うためには活動の世話をする人が欠かせないわけで、そのために募集したのが「ラボ・テューター」と呼ばれる女性指導者たちでした。ラボ・テューターについては、活動の内容や役割など追い追い説明することにしますが、大学の文学部や外国語学部で英語などの語学を勉強して卒業し、就職したものの、結婚を期に家庭に入り、母親としてわが子の子育てをしていた主婦たちに呼びかけ、テューターとしての仕事をお願いしたというのが始まりのようです。「ことばがこどもの未来をつくる」を合言葉にし、テューターの裁量と工夫を生かした指導で子どもたちを育てる、という事業を全国的に展開することにしたというのが、ラボ教育センターとしての事業の原点であり、同時に事業の骨格であるといえます。

こうしてスタートしたラボ教育センターですが、この年、同じ言語教育事業グループ内に言語学の基礎的な研究と、言語学を広く普及させることを目的に「東京言語研究所」（初代運営委員長：故服部四郎・東京大学名誉教授）が発足。言語学者として世界的に著名なマサチューセッツ工科大学（ＭＩＴ）のノーム・チョムスキー教授や、ハーバード大学のローマン・ヤコブソン教授を招いて理論言語学国際セミナーを開いたりもしてきました。

一九六八年にはラボ・パーティの一環としてラボ・サマーキャンプを開始し、一九六九年にはラボ教育メソッドの核となる物語教材であるラボ・ライブラリーの第一号となる『The Thunder Boy　かみなりこぞう』を制作し、これを教材として行う劇活動（テーマ活動）をラボ教育メソッドの中核と位置付ける方法をスタートし、今日に至っています。

一九七一年からは以後恒例となった夏休みなどを利用したラボランド（長野県黒姫高原）でのキャンプを開始し、一九七二年からはアメリカ合衆国農務省管轄の社会教育団体である４Ｈクラブの協力を得て、アメリカ各地の一般家庭に約一か月間ホームステイするとい

50年間で６万人以上が参加したホームステイ・プログラム

う国際交流事業を開始、それを遂行するための組織として、翌一九七三年に財団法人ラボ国際交流センターを設立しています（二〇一二年に内閣府認定の公益財団法人に移行）。因みに、このラボ国際交流センターの初代会長には元東京大学総長の大河内一男氏が就任。以後、代々東京大学の総長経験者が会長に就任し国際交流事業を支援してきています。その後、国際交流は、カナダ、オーストラリア、ニュージーランド、イギリスといった英語圏だけでなく、韓国、中国、メキシコとも行ってきています。毎年一〇〇〇人ほどの中学生、高校生がホームステイによる国際交流を体験してきています。

またラボ国際交流センターは、一九八七年一〇月には「ラボ日本語教育研修所」を設立し、増加する日本語や日本文化を学びたい外国人に対して日本語講座を開いたり、日本語を教える教師を育てることを目的にした「ラボ日本語教員養成講座」を行ってきました。

このようにして順調に進めてきたラボ教育センターは、二〇一六年にラボ・パーティ発足五〇周年と国際交流四五周年を迎え、今日に至っています。この間、ラボ・パーティの会員になったラボっ子は約三〇万人を超え、国際交流を経験したラボっ子は六万人を超えています。

こうした歩みの中、二〇〇六年にはラボ・パーティ四〇周年を記念して、新しく付属研究所として「ラボ言語教育総合研究所」を設立し、私と慶應義塾大学名誉教授の鈴木孝夫氏が共同代表になり、主としてラボ教育メソッドの効果や、その発展についての研究を進めてきました。

以上、ラボ教育センターの歴史と、これまで行ってきた事業の内容とその成果について説明してきましたが、あと少し、株式会社としてのラボ教育センターがどんな会社なのか、その組織や社員数や事業の中核を担っているラボ・テューターの人数などについて概略を説明しておくことにします。

社員の数は約八〇人。これらの社員が、東京、さいたま、名古屋、大阪、広島、福岡で勤務するという体制をとっています。同事業グループには、公益財団法人ラボ国際交流センター（東京言語研究所、ラボ日本語教育研修所を含む）と、ラボ・キャンプの開催地であるラボランドを経営する株式会社ラボランドもあります。これに加えて個人事業主という位置付けで、ラボ教育の主軸を担うテューターが全国各地に総勢一〇〇〇人ほどいるというのがラボ教育センターの概要というところです。この陣容で二万人のラボっ子（ラボ会員）の教育を行い、一〇〇〇人ほどのラボっ子に無事に国際交流を体験させているというのは見事と言うしかありません。

社員とテューターの自らの仕事への高い価値づけと情熱がそれを支えているのだと、ただただ感服するばかりです。

第二章　ラボ教育メソッドというユニークな教育方法

この章では私が「ラボ教育メソッド」と呼んでいる、ラボ教育センターが独自に考案し、今日まで工夫して改良を重ねてきた教育の方法、ないしは独自のやり方について、やや詳しく説明することにしたいと思います。説明の仕方ですが、ただやり方を事務的に説明するのではなく、そのやり方をすることでどのような教育効果が期待できるのかについても、教育研究者としての私なりの説明を加えたいと思います。

「ラボ教育メソッド」は大きく整理すると、ほぼ五つのやり方に整理することができると言えます。その五つとは、①質の良いラボ・ライブラリー（物語や歌を英語と日本語で音声収録したCDとテキスト）の聞き込み、②ラボ・パーティおよび諸活動への参加、③テーマ活動（劇活動）への取り組みと実演、④各種キャンプや宿泊合宿への参加、そして、⑤外国でのホームステイ体験、日本での外国人受け入れ体験です。

以下、五つの節に整理し、それぞれの内容を説明することにしましょう。

第一節　質の良いラボ・ライブラリーの聞き込み

「ラボ教育メソッド」の恩恵を受けるには、まずラボ・パーティの会員になる必要があります。会員は、親子で一緒に参加する0歳児から大学生・大人まで、入会の意志さえあれば、誰でもいつでも入会できることになっています。しかし、大きな問題が一つあります。入会したくとも、自分が住んでいるところ（居住地）に、ラボ・パーティを開いているラボ・テューターがいるかどうか、特に、自分の自宅から毎週一回通うことができるところにラボ・パーティがあるかどうかです。言うまでもなく、自分が住んでいる地域に、自宅から通える範囲内にラボ・テューターがいてラボ・パーティを開いていなければ、いくらラボ教育メソッドの意義や価値を理解していて入会を望んでも会員になれないことになります。

幸いこのような問題がなくラボ・パーティに入会できたとして、まず必要なのが、ラボ教育センターが制作して販売しているラボ・ライブラリーを購入し、自宅でそれを徹底的に聞くことです。

では、聞き込みのために使うラボ・ライブラリーとは何か。簡単に言えば、英語と日本語で交互に物語を収録しているＣＤのことです。これをＣＤプレイヤーで、英語とそのすぐ後に続く日本語を聞き、物語の筋を追い、内容を理解することができる教材のことです。日本語で表現すれば「英語日本語併用語学教材」とも言えます。

この教材は、次に説明する「テーマ活動」と言っている演劇活動の台本にもなるもので、ラボっ子（ラボ会員）の人間形成に極めて大きな効果のある教材と言えます。それだけに、ラボ教育センターでは、多くの子どもの心に残るような質の良い作品を提供することを何より大事にし、ラボ・ライブラリーの制作には、題材の選択はもちろんのこと、正確な英語と正しい日本語での表現、英語と日本語を吹き込む俳優たちや、挿入する音楽制作の作曲家の人選などには、最大限の配慮と細心の注意を払っています。それだけに出来上がった教材であるラボ・ライブラリーの質は、極めて高いと評価できるものです。

では、ＣＤの制作に当たってはどのような人たちに協力してもらってきたのでしょうか。その一部を紹介しておきましょう。まず、日本語の吹込みに協力してくれた人たちとしては、宇野重吉、山本安英、岸田今日子、江守徹、久米明、牟田悌三、渡辺美佐子、大山のぶ代、橋爪功、樫山文枝、佐藤オリエ、吉田日出子、風間杜夫、壇ふみ、市原悦子、中村梅雀、米倉斉加年、寺田恵子、小日向文世、天地総子、上川隆也、といった誰でも知っている錚々《そうそう》たる俳優たちの名前をあげることができますし、野村万蔵、野村万之丞、野村万作といった狂言師や、落語家の林家三平も協力してくださっています。また、CDで使用する音楽についても、林光、間宮芳生、三枝成彰、池辺晋一郎、渡辺俊幸、一柳慧、谷川賢作といった一流の作曲家たちが積極的に協力しておられます。日本語の作家や監修には、大岡信、谷川俊太郎、猪熊葉子、陳舜臣、小沢俊夫、英語の作家ではC・W・ニコルたちの名前をあげることができます。こうした方々の名前をあげるだけでも、ラボ教育センターが質の良い教材づくりにどれだけ力と神経を注いできたかが分かります。

では、こうして制作してきたラボ・ライブラリーの内容はどのようなものなのでしょうか。その一端を紹介しますと、物語の題材は『一寸法師』や『ももたろう』など日本の昔話や、『アリ・ババと四〇人の盗賊』や『西遊記』、『ジャックと豆の木』や『ピーター・パン』、『はだかの王様』や『白雪姫』など世界の各国の民話や名作にはじまり、『セロ弾きのゴーシュ』、『注文の多い料理店』や『ハムレット』、『ロミオとジュリエット』など宮沢賢治やシェークスピアの名作、『国生み』や『平知盛』など日本の古典、『たぬき』など作家に依頼して書き下ろしてもらった創作物語のように多種多様で、現在全部で一五〇を超える物語があります。どのライブラリーも年齢を問わず子どもが興味を持ち、物語の世界に引き込むものばかり、と言っていいものです。

ラボの会員になり、ラボ・パーティに参加することになったラボっ子は、テューターの勧めをもとに、このようなラボ・ライブラリーのどれかを購入し、早速、自分の家でCDを何回も何回も繰り返し聞くよう求められ、そうすることになります。CDを繰り返し聞くことによって、ラボっ子にどのような効果をもたらすことになるのか。次のようなことが想定されます。

① 英語を聞き取ることに耳が慣れ、英語の音を聞き取れるようになり、英語のヒアリング力が向上すること。
② 物語に没入することで、内容そのものへの興味が深まってくること。
③ 物語の内容がよく理解できるにつれ、物語そのものへの共感が高まってくること。
④ 物語への共感が高まるにつれ、物語に登場する人物や動物たちの気持ちや考え方に感情移入できるようになること。
⑤ 登場人物への感情移入が定着することで、状況や相手に応じてどう行動したらいいかを一般化し、学習するようになること。

CDを聞き込むことによってもたらされる効果を私なりに解釈すれば、言葉の学習はさることながら物語への没入と理解を深めることで、人間そのものへの関心と理解と愛着を培っているということです。私が提唱してきた社会力は、そのおおもとが他者への関心であり、愛着であり、信頼感であると言えますから、物語への没入と共鳴、理解を通して人間への関心を高めることができているということは、まさに社会力のおおもとが形成され始めているということになり、誠に望ましい効果と言っていいものです。

ここで、あと一つ、物語を耳で聞くことの人間形成にとって見逃せない効果について書いている本を紹介しておきたいと思います。その本は『物語が生きる力を育てる』（岩波書店）で、書いた人は脇明子さん、元ノートルダム清心女子大学児童学科の教授です。脇先生は「耳からの読書体験」という言葉で、子どもの人間形成に及ぼす善き影響について、端的にこう述べています。「（子どもは確かに実体験を重ねることで成長していきますが）物語による仮想体験にも、場合によっては、実体験では不足するものを補う大きな力があります。それどころか、質のいい物語には、今の子どもたちから人間らしい輝きを奪っているこの社会状況そのものを動かしていく可能性さえ含まれている」と。また、続けてこうも言います。「昔話にじっと耳を傾けていると、物音、匂い、手触り、身体の感覚などが、じっさいに体験しているかのようにリアルに感じられます。」「読んでもらって耳から聞けば、言葉ひとつひとつを受け止め、想像力と思考力を働かせて物語の世界にはいりこみ、主人公に感情移入して体験をともにすることが可能になります。」

ラボっ子がＣＤを聞くことによって実現しているのは、まさに物語が描くこのような仮想世界で生きるという体験です。このように質の良い物語への没入体験が多くなることが、ラボっ子の人間理解の幅を広げ、深めていくことになっているということです。こうした体験こそが、彼らのラボっ子らしさのおおもとを培っていると言っていいでしょう。

第二節　ラボ・パーティへの参加と多様な活動への取り組み

ラボ・パーティを主宰しているテューターがご近所にいることが分かり、ラボ・パーティに参加することができたら幸運と言っていいでしょう。何せ、現在全国にいるラボ・テューターは全員で一〇〇〇人ほどですから、ラボ・パーティに入会することが最初の関門になります。こうした問題を解消するには、何と言っても、優れた能力を持ち合わせたテューターが全国各地に増えてくれることが一番いいのですが、今のところ、ラボ教育センターがあることや「ラボ教育メソッド」という優れた人間育てのやり方があることを知っている人がまだまだ少ないのが現状で、悩ましいことであり、もったいないと思うことでもあります。そう思うにつけ、この本が多くの人に読まれ、ラボ教育センターがこれまで行ってきたことの意義や価値を認め、テューターを志望する人が全国各地にどんどん増えていくことを願うものです。

第二節の書き出しがやや愚痴っぽくなりましたが、話を先に進めましょう。運よくラボ・パーティに入会をしてからのことです。

現在、全国各地で開かれているラボ・パーティに入会している子どもたちは約二万人ほどです。子どもたちといっても年齢の幅はかなり広く、0歳から二二歳まで、学齢期でいえば就園前の子どもから大学四年生までということになります。年齢差が二〇歳以上もあることになりますが、これだけの年齢差のある子どもたちが、原則、同じことを行い、活動を共にし、協力して事を成し遂げることを目的にしているところに「ラボ教育メソッド」の独自性があると言えます。そのことについてはもう少し後で説明するとして、ラボ・パーティに参加する回数と場所について少し説明しておきましょう。

ラボ・パーティに入会した会員＝「ラボっ子」は毎週一回、「パーティ」と呼んでいる〝集合活動〟あるいは〝集合学習〟の場に参加することになります。そこに集まるラボっ子の人数は一グループあたりだいたい五人から一五人ほど。年齢によって、例えば幼稚園児と小学校低学年クラスとか、小学校高学年と中学生の合同クラスとか、高校生と大学生だけのクラスに分ける場合もありますが、原則は年齢幅のある異年齢の子どもたちが一緒になり、自宅で聞いてきたCDをもとに、歌を歌い、話し合い、共に活動するというのが望ましいと考えているテューターが多いようです。

毎週のラボ・パーティの様子

では、このようなラボ・パーティはどこで開かれているのか。テューターの自宅に適当な部屋があればそこを使うことになります。そうした部屋がない場合は、自宅の敷地内にラボ・パーティ用の建物を造って利用しているテューターもいますが、そうした場所が自宅で用意できない場合は、地域のホールや集会所などの一部屋を借りて使用している場合が多いようです。

では、ラボっ子たちの活動とはどんなことなのか。大きく四つに分けられます。

一つ目は、第一節で説明したラボ・ライブラリーを自宅で聞き込むことです。英語と日本語で語られる物語を耳

異年齢の子どもたちで取り組むテーマ活動

で何度も何度も聞いて、仲間とその内容（筋）を深く理解し、活動が進むにつれ、英語と日本語のナレーションやセリフを覚えていくことです。

二つ目は、一緒に歌を歌い、歌に合わせた踊りを踊ることです。年齢が低いラボっ子が多いクラスでは歌い踊る時間をしっかりとる傾向があります。

三つ目は「テーマ活動」と言っている劇活動への取り組みです。劇活動と言っても舞台を作り、衣装をまとい、化粧をし、仮面をまとって演ずるといった劇ではなく、出演するラボっ子はTシャツなどの普段着で演技するという劇活動です。セリフと身体の動きだけで演ずる劇を、ラボ・パーティでは

「テーマ活動」と呼んでいますが、各々のラボ・パーティでは、毎年二、三回発表会を企画して取り組んでいます。

四つ目が、それぞれのパーティが独自に企画し、実行している宿泊合宿や各種のイベントなどの活動です。

三つ目のテーマ活動への取り組みについては次節で改めて詳しく説明することにし、他の三つについて説明することにしましょう。

一つ目のCDの聞き込みは、テーマ活動への取り組みの一環として、主に各自が家庭で行うものです。全員が同じ作品を自宅で聞いてパーティに集まり、言葉と身体を使い、劇にしていきます。その過程で、たとえば物語に登場する人物や動物が、そのセリフを口にしたその状況で、どういうつもりで、どういう意図で、どういう気持ちで、どんな感情を込めてそう言ったのかをそれぞれが解釈し、理解したことを話し合います。それは、理解を深めつつ皆が納得することでテーマ活動をつくるための対話と言えます。

二つ目の歌と踊りは、パーティの雰囲気を和ませ、楽しくすることが主たる目的と言えますが、何度も歌うことで自然に覚えた英語の歌が成人した後に意外な場面で役立ったというOB・OGがいることも申し添えておきましょう。歌や踊りは年齢と国境を簡単に越えていくツールでもあるということです。

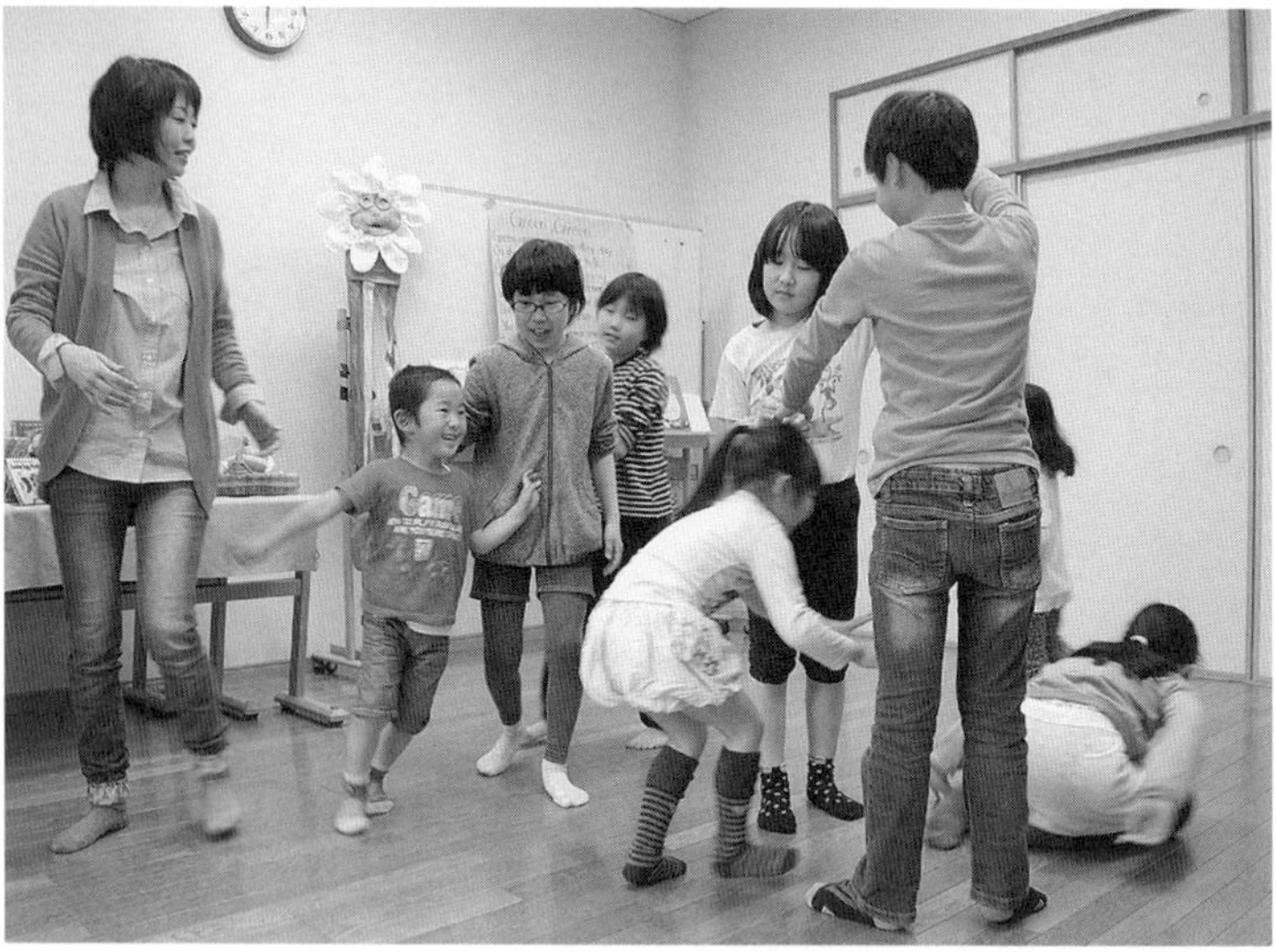

信頼する仲間との活動で、多くを学び合う

四つ目のパーティ独自の宿泊合宿やイベントの実行とそれらへの参加ですが、それらはラボっ子たちの仲間意識を高め、親愛の情を募らせ、企画力と実行力を向上させ、先輩たちへの信頼感を強めることに大いに役立っている活動と言えます。

パーティ創設から一〇年経ち、二〇年経ち、三〇年、四〇年、五〇年と年輪を刻むごとに周年記念誌を作るのが慣例になっているパーティもあり、私もいくつかのパーティから原稿を求められたり、製作した記念誌をいただいたりしますが、そうした記念誌に目を通すたびに感ずるのは、パーティを同じくするラボっ子どうしの仲のよさと信頼関係の強さです。佐藤公子パーティの「五〇周年記念誌」に寄せられた七四名のラボっ子全員が、パーティが楽しいのは回りのみんなが仲が良いからだと書いていますが、その中から二人の文章の一部を紹介しておきます。

「さとぱ（佐藤パーティのこと）は小学生の頃から今まで、本当にたくさんのことを経験させてくれました。ホームステイ、キャンプ、受け入れ、会の運営、企画、準備、実行……。全部いい思い出だけど、あえて選ぶならテーマ活動です」

「さとぱのいいところはお互い信頼し合っているところです。年齢に関わらず信頼しているから、何でも本音で話し合えるし、自分に抱えこまずに誰かに頼ることができます。それがさとぱの強みです。大好きです！」

ラボ・パーティでどんな活動をしているか。活動していることがなぜ楽しいのか。その一端が分かる文章です。

第三節　幅広い年齢集団でのテーマ活動への取り組み

ラボ教育メソッドの中核となるといってもいいのが幼児から大人まで、相当に幅のある年齢の子どもたちが一緒になって「テーマ活動」という演劇活動に取り組むことです。前の節でも説明しましたが、演劇と言っても、ラボ教育で言う「テーマ活動」は一般的にイメージする演劇や芝居とはかなり違う身体表現活動です。その特徴を一言で言えば、物語を身体で表現する身体活動、しかもかなり幅のある異年齢による集団的な身体表現活動と言えます。

物語の身体表現と言いましたが、その場合の物語とは、先に説明したラボ・ライブラリーです。第一節で説明しましたが、ラボ・ライブラリーは日本の昔話や世界各地の民話や有名作家の名作などを題材にして、すでに一五〇ほどの物語作品が制作され、用意されていますが、ラボっ子たちは、ラボっ子になってすぐにこれらの物語をCDで繰り返し聞くことになります。こうしてCDを繰り返し聞き、学習し、理解し、頭に取り入れた物語を、ただ面白がっているだけでなく、次のステップでは、その物語で登場人物たちが口にしたセリフを自分の口を使って発し、登場人物たちがそのセリフを言いながら動いたであろう動き（動作）を思い描き、その動作を自分の身体を使って表現してみるという段階に進むことになります。しかも、あるセリフを発しつつ登場人物たちが動いたその身体の動きはCDを聞くだけでは分かりませんから、自分で考えてみる（想像してみる）しかありません。当然のことながら、同じ場面で同じセリフを言ってはいても、それに伴ってどういう

物語を言葉と身体で表現するテーマ活動

動きをしたかについて、ラボっ子たちが想像する動きの中身はそれぞれ異なります。その違いがどこから生じるかと言えば、物語から受け取るイメージはラボっ子一人ひとりが同じではないからです。登場人物がどういう気持ちで、またどういうつもりで（意図を込めて）そう言ったのか、その理解や解釈の仕方で様々に違う動作が生じてきます。こういう違いが出てくるのはごく当然のことです。

ラボ教育メソッドのユニークさは、物語の登場人物たち一人ひとりに対する理解の仕方や解釈の違いについて、指導者的な立場にいるテューターが（学校の教師のように）「正解」を示し、教えてあげることをせず、ラボっ子一人ひとりの理解や解釈の仕方に基づきイメージした（想像してみた）動作の違いを大事にし、お互いにその違いを言い合い、出し合い、なぜそう考えたのか（なぜそうイメージしたのか）を説明し合うことを通して、合意点を見つけ、お互いに納得しつつ身体で表現していくことにあると言えます。こうしたやり取りを通して、ラボっ子たちは、人間理解の幅を広げ、人間の多様性について身をもって実感していっているのだと言えます。

話がやや込み入ってしまっているように思いますが、この点はラボ教育メソッドの大きな魅力の一つであり、好ましい人間形成をしていく上で大事な点であると考えますので、ポイントを整理しながらもう少し立ち入って説明してみることにしましょう。

毎週一回ラボっ子が集まるラボ・パーティで一時間ほどする活動の内容と言えば、物語を自分たちの身体を使って演じる「テーマ活動」の稽古ということもできます。一般的に演劇の稽古と言えば、配役があらかじめ決まっていて、台本があって役ごとのセリフが決まっていて、役者は台本通りに自分のセリフを覚え、演出家が注文し、指図する通りに身体を動かす練習をする、というのが稽古のイメージですが、テーマ活動への取り組みはそれとはまったく異なるものです。

まず、テーマ活動の場合、演出家がいるわけではありません。ですから、テーマ活動で

ラボっ子全員で話し合ってテーマ活動の物語を決める

は、演者でもあるラボっ子全員が演出家として劇を作り上げていく必要があります。全員が合議の上で物語を演じていく必要があるということです。ということはどういうことか。このあたりのことがラボ教育メソッドのユニークさであり、教育効果を考える上でもっとも肝心なことなので、少し丁寧に説明することにしましょう。

どこのラボ・パーティでも年に二回か三回ほどテーマ活動の発表会を計画し、それに向けて取り組みます。まず始めるのは、今回のテーマ活動で取り組む物語を決めることですが、テューターが予め決めておくとか、先輩ラボっ子たちが決めるというのではなく、パーティに参加しているラボっ子全員が自分がやりたい物語を出し合い、「あれがいい、これがいい」と話し合い、皆がやる気になれる物語を決めることになります。

取り組む物語が決まったら早速その物語が収録されているCDを流しながら、全員で登場人物（物語によっては動物）になって動いてみて、そのセリフを発して、どのように動くかを議論することになります。同じ言葉を口にしても、それをどういう気持ちで（どういう感情を込めて）言ったのか、どういうつもり（意図）で口にしたのか、その見方や解釈はラボっ子一人ひとりが違いますから、当然のことながら、「私ならこう動くと思う」、「僕はこうしたいと思う」といった様々な意見が出てきます。ラボっ子の年齢にはかなりの開きがありますから、例えば、幼児や小学校低学年の子の突拍子もない見方が出てくることがあれば、高校生や大学生のいかにも理屈っぽい説明が披露されることもあります。しかし、ラボっ子たちはそれら一つひとつの見方や解釈を否定するのではなく、「なるほどそういう見方もあるのだな」とか、「今まで考えてもみなかったけどそんな解釈の仕方もあったんだな」と受け止めることで、自分の見方や解釈の仕方の幅を広げていくという体験をすることになります。こうして、ラボっ子たちは、人によって様々な理解の仕方があるのだと知り、多様な解釈の仕方があるのだということを実感することで、人間理解の幅を広げることにもなります。

様々な意見を出し合ってテーマ活動を進めていく

また、こうした話し合いや議論を場面ごとに行い、セリフに伴う相応しい動作を皆が納得して決めながら自分たちのテーマ活動を仕上げていくわけですから、かなりの時間を要することにはなりますが、テーマ活動は一体感があり、全員で作り上げたという達成感や充実感を伴うものに仕上がることにもなります。

こうした体験をするテーマ活動に取り組むこのプロセスこそ、ラボ教育メソッドのユニークさであり、魅力であり、人間としての成長を促す核心と言えます。このような体験を数多く重ねることで、ラボっ子たちは確実に「人が人とつながり社会をつくる力」であ

テューターは子どもの意見を引き出す役割を担う

る社会力のおおもと、すなわち「他者への関心と愛着と信頼感」を高めていっていると断言していいでしょう。

では、このテーマ活動に取り組む過程でラボ・テューターはどのような役割を果たしているのでしょうか。一言で言えば、ラボっ子たちの話し合いのきっかけづくりをしたり、頃合いを見て話し合いを盛り上げる問いを発したりすることでしょう。物語の内容や子どもたちのことを誰よりも熟知しているテューターだからこそそれができるのだと言えますし、テューター自身そのことを十分心得ているのは言うまでもないことです。

第四節　各種のラボ・キャンプと宿泊合宿への参加

ラボ教育センターでは、最初の頃から、年齢の違う子どもたちどうしがテーマ活動など同じことに取り組みながら関わり、交流を深めることができること、また大人も含めてできるだけ多くの人と関わる機会を多くすること、できれば人種や言葉や文化の異なる人たちと直接関わる機会を作ることを考えていました。こうしたことを実際に行うにはどうしたらいいか、そのやり方をあれこれ考えて辿り着いたのが、毎週のラボ・パーティであり、大勢の異年齢の仲間たちと生活を共にするラボ・キャンプや合宿であり、外国でのホームステイでした。そこで、先に説明してきたラボ・パーティとテーマ活動に続き、この節では、パーティごとに計画して行う宿泊合宿と、ラボっ子たちが全国から集まって春、夏、冬に長野県黒姫高原などで行うラボ・キャンプの実際について説明することにします。

どこのパーティでも、毎週行うパーティに並行して、ラボっ子だけでなく保護者どうしや子どもと保護者とが一緒に楽しむことができる様々な催しや行事を考えています。クリスマスやハロウィーン、ひな祭りやお盆などの時期に合わせて行事を行ったり、バーベキューや餅つきや七夕飾りを作ったりすることです。そうした催しの中にパーティでの宿泊

ラボ・キャンプでの野外活動。自然との出会いを通じて学ぶことも多い

合宿もあります。

宿泊する日数や場所や合宿中にやる活動の内容はパーティによってそれぞれ違いがありますが、参加するのはテューターとラボっ子、それに保護者であるお父さんやお母さんが加わることもあるようです。ラボっ子にとっては、自分のお父さんやお母さんだけでなく、他のラボっ子のお父さんやお母さんと一緒に協力して食事を作ったり、食べたり、いろんなお話をしたり、ゲームや、スイカ割りや、キャンプファイヤーをしたりして、時にはテューターに怒られながら夜更かしをしたりすることが新鮮な経験になり、楽しい思い出に残るようです。パーティで「楽しか

ったこと」を書いてもらうと、「夏の合宿」と答えるラボっ子が多いのが実際です。こうした宿泊合宿は各パーティで行うだけでなく、同じ地区にあるパーティどうしが合同で一緒に行うこともあるようで、こうなると参加する人数も多くなり、交流するラボっ子や大人たちも多くなり、ラボっ子たちには一層刺激の多い、それだけに楽しさも多くなる合宿になるのでしょう。

シニアメイトとの楽しいひととき

このような宿泊合宿を体験することで、ラボっ子たちは多くの保護者、すなわちふだんは付き合いのない多くの多様な個性の持ち主の大人たちとも交流を経験することになり、それだけ人間理解の幅を広げることになり、結果として、社会力のおおもとである他者への関心、愛着、信頼感を、そして社会力そのものを高めることになるのだと言えます。

こうしたパーティごとの、あるいは同じ地区のパーティが合同で行う宿泊合宿の他に、ラボ教育センターでは、毎年、春と夏と冬の長期休みに全国からラボっ子が参加するラボ・キャンプを行っています。春・夏・冬のキャンプごとに参加する人数や活動内容や目的などに多少の違いはありますが、大まかには共通するものがあります。共通しているのは、参加するラボっ子が全国各地から「ラボランドくろひめ」（長野県黒姫高原にあるキャンプ場）をはじめ、いくつかのキャンプ場に集まり、初めてそこで出会うラボっ子たちが二〇〜三〇人のグループを作り、シニアメイトと呼ばれる高校生や大学生をリーダーに、寝食を共にし、共同生活とテーマ活動に取り組むことです。この他にも、ゴールデンウィーク中に行う親子で参加するファミリーキャンプや、冬はスキーキャンプなどもありますが、参加者が五〇〇人から六〇〇人になるラボ・キャンプについて概要を説明することにします。このキャンプは、言うまでもなく、ラボ教育メソッドの中核をなすものと言えます。

こうしたキャンプに参加するのは、全国各地のパーティで活動しているラボっ子たちで、小学生以上であることが参加の条件になっています。海外から来日し全国各地のラボ会員

全国からラボっ子が参加して行われる夏のキャンプ(ラボランドくろひめ)

家庭にホームステイしている外国からの青少年が参加する時もあります。

キャンプ生活は三泊四日で行われますが、初日の午後にキャンプを行う施設に集合します。参加する人数はラボっ子たち五〇〇人ほどが中心ですが、それに加えて、シニアメイト（リーダー）の役割を務める高校生が各グループに二人ずつ、シニアメイトをサポートする大学生がコーチとして一〇人ほど参加します。さらに、宿舎になるロッジでの安全管理や子どものサポート役としてテューターが参加し、加えてラボ教育センターのスタッフたちも参加しますから総勢六〇〇人ほどになります。

初日の午後、三々五々集まったラボっ子たちは、あらかじめアトランダムにグループ分けされた三〇人ほどのグループごとに、共同生活をする宿舎（ロッジ）に分散します。各宿舎に集まった時点でまず行うのは、シニアメイトの司会進行での自己紹介です。全員がその日初めて顔を合わせたばかりですから当然緊張します。ラボっ子の緊張感を上手にほぐしてあげて、皆が打ち解け合い、いい関係を作れるようにしてあげるのが、シニアメイトの重要な役割のひとつになります。シニアメイトたちもラボっ子の先輩で、パーティでの活動はもちろん、これまでもキャンプを何回か経験していますし、シニアメイトを希望した時から「ラボ・キャンプリーダーノート」をもとに研修にも参加し、シニアメイトとしての心得や役割を学んでいます。また直前には二泊三日の準備合宿で研修を受けていますから、ラボっ子たちを和ませ、グループとしてまとまって行動できるようにするポイントも心得ています。

そんなことで全員が自己紹介を終えた頃には打ち解けていて、皆がお互いのことを知ることができたこの時点で、今度は三〇人のグループをさらに五、六人の小グループに分け、キャプテン（班長）とヴァイスキャプテン（副班長）を自分たちで決め、翌日からの集団行動に備えます。こうしてラボっ子たちは皆で夕食をとり、風呂に入り、就寝前の話し合いを終え、床に就き一日目を終えます。

小グループになって自分たちで決めることも多い

二日目はグループごとに自然のなかで集団活動をして、さらにグループの親睦を深めることになります。集団行動はグループごとに異なります。山登りをしたり、森や川があればそれを利用した遊びを工夫したり、周囲の自然を観察したり様々です。昼は共同で食事を作ったり一緒に食べたりして、グループのまとまりをさらに強めることになります。午後からハイライトのテーマ活動に向けての話し合いと練習に入ります。テーマ活動で取り組む物語は予め決めておきますから、ラボっ子たちはキャンプ参加前にCDで物語を聞いてきて、物語の内容を理解してきていますので、発表に向けての活動は

ラボ・キャンプでは初めて会う仲間と活動する

短期でもできることになります。
そして三日目。発表に向けた本格的な活動に入ります。三〇人が皆で意見を交わし、議論をし、表現の仕方を工夫して発表に備えます。三日目の夜、いよいよ発表です。互いのグループの発表を見ての感想を言い合って終わります。この間、短期間での集中した活動であり、共同生活であるため、参加したラボっ子どうしの親密感が最高潮に達し、翌日には別れが辛く、お互いが泣くという光景が随所に見られるというのが、ラボ・キャンプのひとつの特徴になっています。多くのラボっ子が、こうしたキャンプに参加したことで、全国から、時には海外から集まった年齢の異なる多くの人たちに出会うことができ、そのことで他者への関心と愛着を高め、理解を深めることができたと語っています。こうした体験こそが社会力のおおもとを培っているのだと言っていいでしょう。

第五節　外国でのホームステイ体験

ラボ教育メソッドの大きな経験のひとつとも言えるのが、アメリカをはじめとするいくつかの外国に出かけ、一般の家庭に一か月間近く泊りながら生活を共にするというホームステイ体験です。

ラボ教育センターがこうした外国でのホームステイ体験を始めたのは一九七二年からで、一〇〇年以上も前からアメリカの農村部の青少年の育成教育を進めてきた4Hクラブの協力で、ワシントン州とアイダホ州に一七九名のラボっ子を送り出したのが始まりでした。開始当初はアメリカだけがホームステイ先でしたが、一九七七年からは韓国、一九八三年からはオーストラリアというふうに、現在では中国やカナダ、ニュージーランドなど数か国にラボっ子を送り出しています。この事業を円滑に行うために、ラボ言語教育事業グル

家族の一員として異文化を体験する

ープのひとつとして一九七三年に外務省所管の財団法人としてラボ国際交流センターを立ち上げました。ラボ国際交流センターが行っている国際交流関係の事業は、この他に毎夏約二〇日間のオレゴン国際キャンプや、高校生を一年間北米に留学させる高校生留学制度もありますし、逆に海外から青少年を受け入れて日本の家庭にホームステイさせる事業も行っていますが、ここでは主として中学一、二年生のラボっ子を夏休みを利用して一か月近く、主に北米にホームステイさせる事業についてやや詳しく説明することにします。

一九七二年に始めた外国でのホームステイ交流ですが、二〇二一年には開

韓国など、アジアの国との交流も

始して早くも五〇周年を迎えることになります。最初一七九名だった人数はその後年々増え、一九七五年には早くも一〇〇〇人を超え、以後毎年五〇〇～一〇〇〇名を送り出してきました。二〇一九年までの実績は、北米だけで四万五九〇〇人ほどになります。その他、オーストラリアに一一〇〇名、ニュージーランドに九〇〇名、中国と韓国にそれぞれ一三〇〇名以上、合計五万名以上のラボっ子を外国に送り出し、ホームステイ交流体験をさせてきています。

では、ラボっ子たちは海外でどのような体験をしてきたのでしょうか。中学一、二年生が主体の北米でのホームステイ体験について言えば、夏休みの期間を利用し、交流相手である4Hクラブをはじめとした教育団体のメンバーで、かつ同性、同年代の子どもがいる各州の家庭に泊まり、寝食を共にし、英語を使っての生活を体験するというものです。中学生では英語を十分にマスターしているわけではありませんし、食べ物や生活習慣も、また文化やものの考え方ももちろん違います。当然、初めての異文化体験ですから、ホストファミリーの言う英語がまったく分からないとか、自分が話す英語がまったく通じないとかは当然あります。家族の一員として、当然のようにトウモロコシの摘み取りなどの農作業をするとか、飼っている牛や羊の世話を任されるとか、あるいはホストファミリーの子どもが毎日やっているレストランでの仕事や新聞配達を一緒にやるといった、日本では経験したことのない〝仕事〟を経験。また日本では習慣のない日曜日の教会の礼拝への参加や、地域でのボランティア活動での共同体験など新しい経験をすることになります。時には、怪我をしたり体調を崩して病院のお世話になったり、ホストファミリーの子どもとケンカになるというハプニングもあったりしますが、その一方、休日に川で泳いだり、広い草原でキャンプをしたり、ホストファミリーとショッピングを楽しんだりという楽しいこともたくさん経験します。

わずか一か月弱のホームステイ体験ですが、ラボっ子たちは異国でのこうした体験をすることでさらに大きく成長することがあります。どのような成長か。もちろん個人による

ホームステイでの体験はその後の成長に大きく影響する

違いはありますが、大きく二つの点があげられるように思います。

まず一つ目は、何らかの困難な事態に直面した場合でも、それを持ちこたえる強さというか、困難に耐え、それを乗り越えていく前向きな力をつけているということです。英語が思うように通じなくて四苦八苦した時も、慣れない生活に戸惑った時も、経験したことのない農作業をした時も、ラボっ子たちは直面している事態をしっかり受け止め、諦めることなく、そうした事態を乗り越えていこうとする強い意志と行動力を備えているということです。

予期せぬそうした事態に直面しても、「何とかなる！」「何とかできる！」

「何とかする！」という前向きな態度や心構えが、ホームステイする以前にすでにできているのではないかと思えることです。こうした私の見方が当たっているとしたら、ラボっ子たちが備えているこうした態度や心構え、あるいは物事に対するポジティブな姿勢はどのようにして培われたのでしょうか。私なりに考えた結論は、ラボ・パーティでの異年齢集団による様々な活動や、テーマ活動への取り組みの過程で体験するラボ仲間との徹底した話し合いと、発表に向けて力を合わせて取り組み、成功させた体験の積み重ねによって培われたものであろうということになります。ラボっ子たちにとっては当たり前のことをしているに過ぎないことであっても、年齢や学年や学校だけでなく、経験や考え方や感じ方も異なる様々な他者との徹底した話し合いをしながら、それでも最終的には皆が力を合わせて一つのことを成し遂げるという体験の積み重ねが、こうした前向きな態度を育てることになったのではないかということです。こうした何事に対しても前向きに構える態度を培うことができているということは、ラボ教育メソッドの得難い魅力であり、効能と言っていいでしょう。

もうひとつの特徴は、自分と異なる人や文化や考え方を、さほど抵抗もなく受け入れて認めることができるということです。難しく言えば、自国とは異なる国の人間や文化に対する見方の幅を広げ、理解を深め、多様性に対する寛容さを広げていくということです。

異文化のなかで積極的に日本を伝える

どうしてラボっ子たちは異国の他者や異なる文化に抵抗なく馴染むことができるのだろうかと考えた時に思い当たるのは、英語を身に付ける以前に、ラボ・パーティやテーマ活動の取り組みで、多様な他者（グループのメンバーや物語の登場人物）との濃密な交流を通して、他者を知りたい、理解したい、仲良くなりたいという、社会力のおおもととも言える他者への強い関心と愛着と信頼感を育んでいるということです。ラボっ子のこうした特性は次のような言葉となって表れます。

「ワシントン州の多種多様な人たちとのコミュニケーションを通して、自分とは異なるその相手には世界がどう

一年間の留学では現地の高校に通う

見えているのか、その人の思想の根底にあるものは何か、というように、相手を知ることや自分との違いを知ることが楽しいと思えるようになった。これからの人生でも、人との出会いやつながりは大事にしたい」

「私は私の友だちに出会えたことが幸せです。出会えたことに感謝しています。人との関わりの貴重さ、そして異文化を理解し、多様性を受け入れることの大切さを私は身をもって感じました」

ここに紹介したのは一年間、ホームステイしながら高校留学を体験した高校生が帰国後に書いた文章ですが、同じような感想や言葉は中学生にも多く

異なる文化を持つ人々との貴重な体験

あります。異国で生活する体験は、異なる人々や、異なる暮らしや、異なる食べ物や、異なる考え方に、自分の身体を通して直接関わることですから、違いに対する感覚は否応なしに作動することになります。それだけに、違いに敏感になるのは当然のことですが、それにたじろぐことなく前向きに対応しようとするのがラボっ子の特徴と言っていいでしょう。こうした特徴も各パーティでのテーマ活動への取り組みや、ラボ・キャンプなどで、大人を含む多様な人たちとの深い交流を体験することで培われた特徴と言っていいように思います。こうしたラボっ子の〝違い〟への抵抗感の少なさや、違いを容易に受け入れることができるという特性が異国でのホームステイ体験や留学体験をすることで一層強くなると言っていいように思います。

こうしてみると、ラボっ子OBでノンフィクション作家の神山典士氏の見方、すなわち、ホームステイの体験は、「一方的にどちらかが影響を受けるというのではなく、双方が相手の文化を伝え合い、互いが変わっていく、互いが互いにとっての異文化であることを自覚した上での文化の双方向交流である」(『ひとりだちへの旅』ラボ教育センター)とする見方がなるほどとうなずけてきます。

ラボっ子たちの異なるものへの寛大な態度や、臆することなく自国の文化や自分を押し出しつつ、異なるものに対応できる資質も、またラボ教育メソッドによって育てられたものであると言うこともできましょう。

第三章　ラボ教育体験で育った人たちの今

本章を書き始めるに当たって

ラボ教育センターでは、一九六六年の設立からほぼ五五年、古今東西の様々な人間が生きてきた軌跡である物語を、「ラボ・ライブラリー」と呼んでいる英語と日本語を収録した音声ＣＤとして作り、それを子どもに繰り返し聞き込ませることを通して物語の世界にどっぷりと入り込ませ、物語に登場する様々な主人公たちの生きざまを追体験させてきました。その物語を子どもどうしが劇にする活動を通して、悲喜こもごもの感情を自分のものとし、人間の多様な生き方や、人と人の関係の在り方や、状況に応じた適切な行動の仕方などを身をもって学ぶことを目的にした独特のユニークな教育の仕方によって、ヒトの子を好ましい人間として育てる教育を行ってきました。

私は、そうしたラボ教育センターが独自に開発し、工夫を重ねながら行ってきた教育のやり方を「ラボ教育メソッド」と呼び、折々紹介し、解説もしてきました。しかし、「ラボ教育メソッド」といってもその内容を一言で説明するのは難しく、第二章では、試みに、

子どもどうしの触れ合いが人好きのもとになる

ラボ教育メソッド独特の教育の中核的な内容を、五つの局面に整理して具体的に説明してきました。これでも、こうした教育の恩恵を身をもって受けてきたラボっ子本人や、ラボっ子のそうした成長ぶりを家族の一員として直に見てきた保護者以外の人たちには簡単には理解できないことだろうと思います。そこで、考えたのが、「まえがき」でも触れたように、ラボっ子OB・OGに直接会い、自身のラボ教育体験を聞いて、そこに共通する何かを見つけ、ラボ教育メソッドの特異性や効能などを説明することで、逆に、ラボ教育メソッドの魅力や可能性を理解してもらえるのではないかということです。

本章の内容は、聞き取り調査（インタビュー）に快く応じてくれた二一人のラボっ子OB・OGに直接会った折に話してくださった内容をもとに整理した記録です。インタビューに応じてくださった皆さんには予め質問したい内容を送らせていただき、それから数日後に直接会って話を聞くというやり方をしました。二一人全員に同じ質問をしましたが、質問した内容は以下の九問になります。インタビューに要した時間はおおよそ一時間三〇分ほどで、記録のためにラボ教育センター教育事業局長の木原竜平氏に同席していただきました。

① ラボ時代に聞いたラボ・ライブラリーの中の文章やセリフの中に、今でもほぼ正確に覚えているものがいくつありますか。

② ラボっ子時代に自宅でCDを聞いたり、テーマ活動に参加したりして覚えた文章やセリフを、社会人になってから思わぬかたちで仕事などで利用したり活用できたりしたことがありましたか。

③ 利用できたり活用できたりしたのはどんな時にどんなふうにでしたか。

④ ラボ・ライブラリーを何度も聞いたり、テーマ活動に参加したりして覚えた文章やセ

リフや発音などは、その後、あなたが英語を勉強したり英語の会話力を高めたりするにあたって役に立ちましたか。

⑤役に立ったとしたら、それはどんなふうにですか。具体的な例をいくつか教えてください。

⑥ラボ・パーティや合宿に参加したり、外国でホームステイしたりする経験を通し、テューターや年齢の異なる多くのラボっ子や外国の人たちと話したり、一緒にいろんなことをしたりすることで、ごく自然なかたちで身に付いたり育ったりした能力が何かあると思いますか。

⑦その能力はどんなものだとお考えですか。

⑧社会に出て、仕事をしたり、社会人として活動している今、ラボっ子で良かったと思うことが何かありますか。あるいは、ラボっ子であったからこそ育ったであろう能力や性格が、役に立っていると思うことが他に何かありますか。

⑨あるとしたら、それはどんなことですか。

以下、インタビューした順に二一人がインタビューで話してくれた内容を整理して報告することにしますが、ページ数の都合から、⑥から⑨の問いに答えてくれた内容を中心にします。また、報告のまとめ方ですが、次のような原則に従って整理しています。
（1）敬称はすべて「さん」にする。
（2）自称詞は全員「私」にし、話の内容はすべて「一人称」の形式にする。
（3）話しの内容は、
①直接会って本人からお聞きした内容が中心ですが
②他の機会にインタビューに答えていたこと
③本人が他の媒体に書かれていた文章
④インターネットで検索して入手した情報
などを取り入れて構成しなおしていることもあらかじめお断りしておきます。

大町洋輔さん

大町洋輔（おおまち　ようすけ）
一九八五年生まれ／宮城県仙台市／ラボ歴一八年、三歳から二一歳まで。三井パーティ、大町パーティ／宮城大学事業構想学部卒／大学を卒業後、㈱リクルート入社。東日本大震災を機に、公益財団法人東日本大震災復興支援財団へと転職。ソフトバンク㈱への兼務出向を経て、二〇一八年にワークショップデザイナーとして独立。

母の勧めで、三歳からラボ・パーティに参加していました。途中から母がテューターになったこともあり、家ではラボ・ライブラリーが毎晩必ず流れていました。そのため、ライブラリーのセリフは今でも結構覚えています。一番好きなライブラリーは『スサノオ』『ドン・キホーテ』『幸福な王子』『きてれつ六勇士』などで、発表会ではいかに目立つかばかりを考えていました。また、ラボ・キャンプが大好きだったので、各地のキャンプに二〇回以上は参加しました。中学一年生の時にはノースカロライナ州に一か月間ホームステイしています。高校生の時にはシニアメイトを三度経験しましたし、大学生になってからはコーチとして毎夏蔵王キャンプに参加していました。ラボっ子として、多くのことを体験させていただいた方だと思います。

大学を卒業してすぐに就職したのはリクルート社で、不動産広告の営業を担当していました。その後、東日本大震災が起こったことを機に同社を退職し、公益財団法人東日本大震災復興支援財団とソフトバンク社で、被災された方々を支援する仕事に五年間従事しました。その後二〇一八年に独立し、現在は仙台でワークショップデザイナーとして活動しています。

最終的にワークショップデザイナーという仕事に辿り着いたのは、ラボでたくさんのワークショップに参加してきたことや、キャンプの企画運営などを通じて、人に喜んでもらえるって嬉しいなあ、と感じる瞬間をたくさん体感できたことが影響していると思っています。

ラボ・ライブラリーの物語を通して、多種多彩なキャラクターになりきることを追求した経験も、私の人生を支えてくれました。例えば、先輩や上司に叱られたりして落ち込んだ時などは、自然とスサノオのことが思い出され、あのスサノオも思い悩みながら歩き続けたのだからと、歯を食いしばって仕事に向かうことができました。宴会などで場を盛り上げるよう求められた時は、ふとドン・キホーテを演じたことを思い出し、気が楽になったこともあります。物語の中の人間が、私の一部となって生きているということでしょう。

たくさんのキャラクターを演じた経験は、ワークショップを企画運営するにあたって、多様な参加者の気持ちを想像できるという能力にもつながっています。また、上下関係が無い、フラットで安心安全な場を作ることに抵抗感がないのは、ラボ・キャンプや合宿などで、タイプも年代も違うラボっ子や大人たちと、親密に付き合う経験を重ねてきた賜物です。

また、ラボをやっていなかったらきっと身に付けることができなかっただろうと特に強く感じるのが、美しいものに感動できる感性です。ラボ・ライブラリーの素晴らしい音楽や言葉づかい、語感の心地よさなどに触れ続けてきたこと、目を見張るような自然の神秘さに心が躍る瞬間を何度も味わえたことは、私の人生において大きな財産になっています。こうして振り返ってみると、私がいまワークショップデザイナーとして活躍できているのは、つくづくラボ体験のお陰だということがよく分かります。小さい頃は活動部屋から頻繁に脱走する問題児だったのですが、自由にやらせてくれた当時のテューター、指導してくれた事務局の方々や先輩方、一緒に活動してくれた仲間、体験の機会をくれた両親には、ただただ感謝です。

河野淳子さん

河野淳子（こうの　じゅんこ）
一九七二年生まれ／ラボ歴一二年、八歳から二〇歳まで。田中三保子パーティ／松蔭女子学院短期大学卒／全日本空輸（ＡＮＡ）入社。

小さい頃からナーサリー・ライムやソングバードなど英語の歌を聞いていたのでよく覚えています。もちろん、『だるまちゃんとかみなりちゃん』や『かいだんこぞう』や『ドリームタイム』の父親のセリフなどは覚えています。ラボで使っていた英語が、社会に出てから実際のやりとりの中で咄嗟に出てきたこともありました。キャビンアテンダント（ＣＡ）をしていて、お客様にからかわれた時、“Are you kidding me?”と返せるのはラボをやっていたからでしょう。また、国際線のフライトでは機内の映画が延々と続き、子どもたちが飽きてしまい遊び出すのです。そんな時は、通路の後ろに子どもたちを集めて、ナーサリー・ライムの歌を歌って遊んだりもしました。ＡＮＡ（全日空）で八年間ＣＡをしていましたが結婚して退社、二年間、空港にてＶＩＰのアテンダントをし、その後ＥＣ

Cエアライン学院で五年間講師をしました。

ANAでは機内でのアナウンスでネイティブ・スピーカーに近い発音を求められましたが、社内試験の発音では五段階の上位レベルの評価を受けました。他のCAからは「留学もしてないのに何でそんな良い発音が身に付いたの？」と聞かれることもありました。

ラボ時代、ラボ・パーティでは最年長でしたし、テーマ活動やキャンプでリーダーの経験をすることが多かったこともあって、リーダーとしての能力や応用力が身に付いたと思います。社会に出ると、マニュアルに沿ってやるだけはなく、それを応用することが必須です。テーマ活動ではテューターに「いつも同じことをしなくていい」と言われました。相手が違う動きをしたら当然違う反応が必要なわけですから、相手に応じて違う反応をすることが自然にできるようになったのだと思います。エアライン学院で教えていた際、一流大学に通うたくさんの学生を教えていました。学力は高いけれど応用が利かない学生が多いと実感することが多くありました。

どんな社会に出ても人との関係性は大事なことですから、ラボ・ライブラリーで物語の世界に浸ることで、世の中には様々な人間がいることを知ることができたのもよかったのだと思います。その意味で、ラボには感謝しています。

ラボのキャンプでは、まったく知らない人といきなり三〇人くらいのグループを作って活動します。小さい頃は何で？と思ったけれど、大きくなってからは、それこそコミュニケーション能力を育んでいたんだと気づき、今思えば、自分の立場を考えて自分の判断で動ける環境を作ってくれていたんだと感じます。何かあっても自分に自信を持って答えることができます。私にとってそれがラボだった、自分に自信を持たせてくれたのがラボだったと思います。

自信の核になっているのは人間味です。人と触れ合うことが大好きです。CAは女性の多い特殊な世界です。初めての人とメンバーを組んで飛ぶことも多いのですが、私には苦手の人はいませんでした。その人の良いところを探すことで誰とでも仲良くなれたので、皆に可愛がっていただけました。

こんなこともありました。あるフライトで飛行機が雪で遅れ、ご立腹なビジネスマンがいらっしゃいました。その時私は、この人が降りるまで絶対に笑顔にしてみせると思って何度も話しかけました。最後にその人は笑顔で「今日のフライト楽しかったよ」と言ってくださいました。その時のその人の気持がよく分かるからできたことなのだと思います。

今は結婚して子どももいますが、よその子とも遊びたい自分がいます。子どもたちの学校でのお役も進んでやり、前向きに生活を楽しんでいます。

芹澤健一さん

芹澤健一（せりざわ　けんいち）
一九六二年生まれ／東京都／ラボ歴一七年、三歳から二〇歳まで。
芹澤パーティ／一九八六年アルパインツアーサービス株式会社入社、
二〇一一年代表取締役社長就任、現在に至る。

私の母は結婚を機に高校の英語教師を辞めて、ラボ教育センター創業時の最初のラボ・テューターの一人になりました。それで私は三歳からラボっ子になり、大学二年生までの一七年間ラボっ子でした。中学一年生の時にアメリカのネブラスカ州でホームステイ、高校時代に二回目のホームステイを体験しました。大学在学中の二年生終了後に休学してニュージーランドに渡航しました。ニュージーランドでは各地で農業実習をしながら合間に登山を楽しみました。それが高じて、復学後の三年生の時にニュージーランドを訪問する日本人観光客を案内するガイド業を始め、四年次にはカナディアンロッキーを案内するツアーリーダーになり、大学を卒業してからもそれを続け、二五歳でアルパインツアーサービス株式会社に入社し、営業本部長、専務取締役を経て、現在は社長職を務め一〇年目になります。

ラボ活動で育まれたことは数えきれないほどありますが、現在の私を作り上げたのは幼少期から大学年代までのラボ体験が大きく影響していると言ってもいいほどです。その一つにテーマ活動があげられます。テーマ活動はラボ活動の基礎であると思います。一つの物語を理解し、その舞台を創り上げる過程がとても重要で、登場人物のセリフや心理をどう表現しようかと考える時、その背景にある場所や光、風までも表現しようと考えます。ただの樹ではなくて、冬の寒い季節の樹であればどう表現しようかとみんなで話し合うわけです。

毎週のラボ活動は学年ごとに時間帯が異なるため、高校生は先ず自分たちで考え、小中学生たちも自分たちで考え、その後はそれらをつなぎ合わせて動きや表現を全体のものに仕上げていくことになります。何度も練習し、修正しながら理想の完成型へと導いていくまでの活動を通して、自主性や協調性が自然と身に付いていくのです。ラボっ子は、自身の成長の過程でテーマ活動の取り組みを通して様々なことを経験しているのだと思います。個々やパーティという組織において、自分の考えを伝えること、意見を交換すること、お互いの個性を尊重すること、より良いものを作るために助け合い、努力することなどを学びます。こうしたことで、テーマ活動では前向きでポジティブな思考や行動が自然と引き出され、個々とチーム、チームと組織というように段階別に共同作業を繰り返すことで、全体が同じ価値観を共有することの大切さや喜びなども育まれているのだと思います。

もう一つ重要なことはリーダーシップです。通常、テーマ活動では最終的に目指す目標は発表会になります。発表会までのスケジュールの中で、完成までこぎつけるためには期間を設けた目標設定が必要となります。最初は個別のパーティ活動からスタートし、やがて全体練習を通して完成へと仕上げていく過程では、それぞれに優れたリーダーシップが求められます。ラボ活動で興味深いことは、日常のパーティ活動で役割分担が存在していることです。意見を聞き出す調整役、最終的な結論をまとめる役、進行を任される役など、それぞれの役割分担を決め、個々がその責任を負うことが自然と身に付いています。発表会のプログラムや準備作業、司会進行など、すべて子どもたちが主体的に取り組み、決めていくことで、課題や問題点を見出しながら本番の当日まで試行錯誤を繰り返していくのです。日常のパーティ活動ではそうしたことを学び、経験しているのだと思います。また、ラボ活動のリーダーシップとは、誰か一人がリーダーなのではなく、それぞれが役割分担と責任を負うことで個々がリーダーシップを執ることを身に付けています。毎回あるいは長年にわたって異なる役割を経験していくことで、どの役割でも過去の経験を積み重ねてきたことで、どのような場面でもリーダーシップが執れるようになっているのです。言う立場、聞く立場、決める立場、後方から支える立場など、お互いが意見を交わし、異なる意見でも最終決定には納得して協力することなど、本当に様々な要素が含まれているように思います。

最終的には人と人はどう関わるべきなのか、相手の気持ちを理解し、自分の考えを伝えることの距離感やバランスなど、多くのことを学んでいたのでしょう。一つの物語に存在しているストーリーの世界観や登場人物の心理を想像しながら作り上げるテーマ活動の体験こそが、私のこれまでの人生や今の仕事にも活きているのだと思います。

私はこの三〇年以上、世界各国の山や大自然を舞台に登山やトレッキングのツアーを企画してお客様をご案内する仕事をしてきました。ツアーリーダー業務では、最初に成田空港で参加者に出会った時からストーリーが始まります。山旅に参加する人は様々ですが、お客様一人ひとりに満足していただけるツアーにするためには多くの要素を総合的に組み合わせた作業がともないます。アフリカの最高峰キリマンジャロやヨーロッパ・アルプス、ネパール・ヒマラヤ、南米のアンデスなど、それぞれの国の歴史や文化、民族などは異なります。またツアーの運行は地元の人たちの協力が欠かせません。楽しかった、感動したと誰もが思ってくれる旅の物語をどう演出するか、お客様や現地の人を含めてそれぞれが登場人物であり主役にもなり得る旅をどう作り上げるかを考える時、まさにテーマ活動で経験したあの時の気持ちと同じになるのです。

また、黒姫キャンプのシニアメイトの体験も大きく影響しています。一つのロッジに集う全国から参加するラボっ子たちは初対面ばかり。それがたった三泊四日の生活を通して別れ際ではワンワンと泣いてしまうようなロッジ活動とキャンプの成功を目指し、参加してくれた子どもたちのために高校生年代のシニアメイトたちが懸命にチャレンジするのです。初日に全員の名前を覚えて、小学生から高校生までの初対面の四〇人が一緒にテーマ活動や生活を共にするなんて本当に凄い！　の一言です。

私は仕事上、英語を使うことが多いのですが、流暢な英語を話すことも大事ですが、それよりも「心で聞き、心で話す」ということを心がけてきました。これも中学一年生の時のホームステイ体験が原点になっています。ろくに英語も話せない一二歳の少年が、ひと夏のホームステイの経験で学んだことは、物事を伝えるのは相手の気持ちを知ろうとすること、自分の気持ちを伝えようとする「心」が大切なのだと、あの時に何かしっかりとした確信を体験したのだと思います。そのことは、その後大人になり今の仕事に就いてからも本当に役立っているのです。文化や宗教の異なる世界各国を舞台に旅をプロデュースすることは、そこに暮らす人たちを理解し、こちらの考えを伝え、理解してもらう異文化交流そのものなのです。

社会は人との関係性において成り立っています。相手を大切にすることは自分を大切にすることでもあり、自分の存在価値とは相手との関係性の中で育てられるものだと思います。ラボ活動は、チームで一つのものを完成させる場であり、テーマ活動はその中心的な柱です。基本的に学校教育の現場は同学年になりますが、ラボは幼児から大学生年代までの異年齢集団ですから、価値観や考え方を平面ではなく立体的に捉えていなければなりません。社会人として仕事をしていて、相手から「もしかしてラボっ子だった？」と聞かれた体験が何回かありました。相手と価値観を共有し、お互いが課題を探り、解決方法を見出す特別な魔法を持っているのがラボっ子なのかもしれません。

日本人は画一的な価値観に長くいすぎたのかもしれません。もっと多様な価値観を認め、共有し合える社会になっていくといいですね。ツアーの引率中、カラコルム山系を旅するとイスラム教徒の人たちの祈りの場面に出会います。お客様にもイスラムの祈りを体験してもらうと現地の人の気持ちを少しでも理解することができます。ラボのテーマ活動のベースには、その物語を多様な解釈で理解する者どうしが意見をぶつけ合いながらも一つのものに完成させていく作業があります。ラボっ子には多様な人たちの気持ちを追体験できるという良さがあるのではないでしょうか。ラボには良いところがたくさんありますから、より多くの子どもたちに経験してもらいたいと思うのです。

亀井雅敏さん

亀井雅敏（かめい　まさとし）
一九七三年生まれ／茨城県龍ケ崎市／ラボ歴二〇年、四歳から二四歳まで。飯島パーティ／法政大学大学院環境マネジメント研究科修士課程修了／一九九八年リモート・センシング技術センター入社、宇宙開発事業団、文部科学省への出向を経て、現在はリモート・センシング技術センター。

かなり早くからラボっ子になり、大学を卒業するまで続けましたから、ラボっ子としては一番長い方でしょう。弟もラボっ子でした。テーマ活動もたくさんやりました。好きなライブラリーは『きてれつ六勇士』とか、『ピーター・パン』などです。セリフも結構覚えていますが、社会人になって実際に使った記憶はあまりありません。ラボの物語はファンタジーが多くて、実際の社会の場面で使えるセリフはそう多くないからかもしれません。しかし、娘（ラボっ子）と一緒にライブラリーを聞いていると「これ使えるな」というのも結構感じます。

小学生の頃から大学時代まで、何度もキャンプや合宿に参加しましたし、シニアメイトなどのリーダーも多く経験しました。中学一年生でアメリカのルイジアナ州でホームステイし、高校時代には一年間アメリカ留学もしました。私は、キャンプやホームステイで鍛えられていましたから、留学中も向こうでリラックスして過ごすことができました。ラボのお陰で英語を聞き取る力は付いたと思います。高校の修学旅行はカナダで、現地の高校生の言っていることが他の友だちには分からなかったけど、自分には分かりました。高校生だと使える語彙は少ないけど、聞き取れる量が多いとコミュニケーションはできます。「ラボをやっていても英語が身に付かない」という子もいますが、そんなことはありません。高校卒業後に進んだ大学が東京外国語大学朝鮮語学科なのは、英語以外の言語もやってみたいと思ったからで、近い国の言葉を学ぼうと考えて決めました。

今の仕事は、一般財団法人リモート・センシング技術センターで研修課長をしています。途上国の方を相手に交流したり研修したりすることが多いのですが、言語や宗教や人種にかかわらず誰とでも対等に付き合い、相手を尊重する気持ちを持って接しています。コンゴの人にはコンゴの言葉を覚えて話しかけるので、彼らもすぐ心を開いてくれます。仕事の関係者だけでなく、市井の人々との交流も楽しんでいます。例えば、途上国に行くと車のドライバーともよく話します。「昔と何が変わった？」とか、「宗教は何？」とか色々聞いてしまいます。誰とでも分け隔てなく接する態度はラボで身に付いたものと言えます。

これもラボっ子で良かったと思うことです。

外国の人に言葉が通じない時は日本語でしゃべります。身振りや音声や視覚を使ってコミュニケーションを図ります。いい関係を作ろうと思えば何語であろうと関係ありません。外国で会話に詰まったら日本語の挨拶を教えます。誰とでも積極的にコミュニケーションを取ろうとする態度はラボの体験で身に付いたものです。

また、私は友だちから「他人《ひと》の庭に土足で踏み込む」と言われます。初対面の人でも遠慮なく色々と話しかけたり聞いたりするからでしょう。これもラボのお陰ですね。友だちの親とも仲良くなります。先輩の家に泊まりに行って親とすっかり仲良くなり、リラックスして朝寝坊したこともありました。

また、テーマ活動のお陰だと思いますが、人前で話すことが快感になりました。職場でプレゼンをすることが多いのですが、それが楽しくてしょうがない。一〇〇人以上の前で話す時など快感です。

それから決断力が付いたのもラボのお陰です。決断するということは責任を持つということですが、パーティでもテーマ活動でも、ラボでは皆が発言します。その上でリーダー役が決断する場面も多いです。そういう経験の積み重ねが決断力を高めたのだと思います。

高校生の頃は自分がラボを楽しんでいましたが、大学時代はこのラボの良さをどう後輩に伝えるかを考えていました。自分が成長したなと思う時も、他人に喜んでもらえた時もどちらも喜ばしいと感じていました。ラボで、自分自身の成長と他人に奉仕する心の両方を学んだと思います。高校がテストの点数を重視するところだったので、私にはラボが息抜きであり、楽しかったです。

門脇先生の『社会力を育てる』（岩波新書）を読ませていただきましたが、思い当たることが多く、自分のことを書いた本かと思いました。良い大学を卒業して入社しても仕事ができない人はいます。社会力がないと仕事はできません。社会力と学力は比例することを多くの人に知ってもらえれば、ラボの活動ももっと評価されるようになりますよね。うちのパーティには良い高校、良い大学に進学するラボっ子が多かったのですが、ラボで社会力を磨いていたからなのだと思います。先生の本を読んでそう思いました。

藻谷浩介さん

藻谷浩介（もたに こうすけ）
一九六四年生まれ／山口県周南市／ラボ歴一〇年、八歳から一七歳まで。廣林パーティ（永谷パーティ→竹下パーティ→長富パーティ）／東京大学法学部卒、米国コロンビア大学経営大学院（MBA）／日本政策投資銀行→㈱日本総合研究所。

小学校三年生のとき山口県徳山市（現周南市）でラボっ子になりました。最初にお世話になったテューターが広島市に一家で転勤したこともあり、三度パーティがかわりましたが、小学校五年から高校二年生まで廣林パーティで活動しました。受験と進学を理由に、高校三年生で退会しました

私の場合、言語活動以外も含むラボの活動の全部にはまりました。テーマ活動の、集団での身体表現をオリジナルで考えること。ソングバードでのダンス。ラボの物語は英語も日本語も直訳体とは異なる詩的な文章で、英語の歌はリズムが生き生きとしています。その良さを、今でも耳に残るたくさんのフレーズを反芻するたびに味わっています。キャンプも大好きで、夏・冬・春の黒姫、産山（熊本県）、高梁（岡山県）と通い、高校生の時に

はシニアメイトを五回もやらせていただきました。中学二年生の夏に、アメリカのワシントン州にホームステイしています。

大学は東京大学の法学部です。高校時代から旅が好きで大学在学中に二五か国に旅しました。大学を卒業してすぐ日本開発銀行に入り、結婚後にアメリカのコロンビア大学経営大学院に社費留学しました。その際にニューヨークに一年半、シアトルに三か月住み、二〇〇九年には会社から一種のサバティカルもいただいて、シンガポールにも一年住みました。英語の発音は相当練習しまして、会話や議論、講演はネイティブペースで不自由なくできます。ボキャブラリーの弱さから、読み書きの方が苦手です。

ラボ時代は、周りをどう巻き込んで盛り上げるかを鍛錬しました。シラケが世の流れだった時代に、テーマ活動を盛り上げて楽しむにはどうしたらいいか、このセリフを身体を使ってどう表現するかを皆で真剣に考えてやりました。

今でもよく覚えているのは、『国生み』の冒頭の、「がらんどうがあった」を身体でどう表現するかです。みんなで手を繋いで、中に穴の空いた輪を作るというのを誰でも考えるのですが、それではかえってがらんどうに見えない。そこで皆が端に固まって、何もない真ん中をうつろに見ている表現を提案しました。「がらんどう」そのものを演じるのではなく、外側からがらんどうを見たらどうかと考えてみたわけです。格好良くいえば今で言う「メタ思考」です。陽があるからこそ陰もあるという、構造的な把握ですね。後に『デフレの正体―経済は「人口の波」で動く』（角川新書）とか『里山資本主義―日本経済は「安心の原理」で動く』（角川書店）といった本を書くにあたって活かしたのもこうした見方で、そんなこともテーマ活動をしながら学んだように思います。

テーマ活動の他にも、ラボの様々な体験からあらゆることを学びました。体力や精神力の限界だとか、人と力を合わせる加減とかです。小学五年の黒姫のキャンプでのテーマ活動では、やり過ぎて一人相撲をし、自分でも疲れ切ってイヤになり寝込んでいた僕を、同じグループの仲間が呼びに来て声を掛けてくれ、元気づけてもらったこともありました。年齢も、性格や能力も、そもそもバックグラウンドもまったくバラバラな集団を、どう盛り上げて、各人が楽しみつつ学べるようにできるか。一番外れている子に、自発的に参加して楽しんでもらうにはどうするか。後々にアメリカのビジネススクールに留学した際には、四〇名ほどの学生を連れて日本ツアーをしたのですが、キャンプで日々工夫した肌感覚が役に立ちました。

テレビの番組で「TVタックル」や「朝まで生テレビ！」に呼ばれて出たこともありましたが、あのようなたたき合いや喧嘩をさせる番組は私には合いません。どうしても出演者同士で共有できるものを見つけ出して、競争的ではなく共創的な雰囲気を作ろうとしてしまいます。そうなると対立を期待している視聴者はしらけてしまいますよね。ですが実社会では、他人《ひと》とつながったり対話したりして何かを創り上げるのが大事です。一番の弱者を巻き込んでどう底上げするかにこだわった方が、経済もよくなります。その基本の考え方と実践の仕方もラボに学んだと言っていいでしょう。どうしようもなくなじめない個性の強い子が、ある時突然に自分の活かし方を見つけて全然変わることも見てきました。それもいい経験です。失敗も、他の子に失礼なことも色々やって、今でも「ああすればよかった」「こうすればよかった」と反芻するのですが、そういう失敗ができたことも、今となるとラボで学べたことの大切なことの一つになっています。

私は一人では服も買えない、片付けもできないなど、でこぼこが多い人間で、親はこのままでは結婚もできないのではないかと心配していたくらいです。そういう私がいま、普通に楽しく家庭も営んで、必要なお金も稼いで自由に生きていられるのは、多くの人たちと自由に共創して社会を営むノウハウを、ラボで身に付けたからです。他の人たちもそれぞれできることを自由に楽しく精一杯やってくれているお陰で、自分も安全に生活していられるのだと思っています。現実の社会では、他人を蹴落とすのではなく、皆でお手々を繋いでゴールを目指した方がいい、それも楽しくした方がいい。私はラボ活動をしていたことで、そのことを実感として分かるようになりました。

ラボ教育センターに招かれてラボっ子たちに話をする機会にはいつも触れるのですが、ラボの仕組みは実際の社会の仕組みと同じです。一〇人いたら一〇人が一〇人なりに自分を表現しています。主役だけが盛り上がるのではなく、みんなが盛り上がる。裏では大きな子が小さな子を助けている。本当にいい社会とはそのようなものです。反対に、誰かが負けるお陰で自分が残れるというお受験の仕組みは、実社会とはまるで違うもので、お受験頭になってしまうと、まともな社会人としての暮らしができなくなると思います。

大脇　崇さん

大脇　崇（おおわき　たかし）
一九七一年生まれ／愛知県名古屋市／ラボ歴一一年、七歳から一七歳まで。加藤芳子パーティ／三重大学工学部建築学科・国際写真センター普通科卒／フォトグラファー・測量業兼務。

母が、近所でやっていらっしゃる加藤先生のことを聞いて、見学に行ったことでラボっ子になりました。姉と弟は興味をあまり示さず、入会したのは小学一年生の私だけ。高校二年の終わりまでやりましたから一一年間ラボの活動をしたことになります。ラボ・パーティの持つ大家族的な雰囲気、大きなお兄さん、お姉さんに遊んでもらえることが好きだったんだと思います。

正直、それほど積極的にテーマ活動に取り組んだ方ではありません。内向的でおとなしかったせいもあり、中学生までは皆の後をついていく方でした。「セリフを覚えなければいけない」と、半ば義務的に覚えていましたね。背景や小さな役、ナレーターをやることが多く、高校一年生で初めて『エメリヤンと太鼓』の主役をやることになったのですが、発表前に骨折してしまい、結局主役はやらずに終わりました。（笑）

絵が好きで、絵画教室に通っていたこともあり、ラボの絵本の世界に惹かれました。抽象的で不可思議。想像力を膨らます絵本たち。皆で輪になって歌うソングバード（英語の歌）、なかでもアメリカの民謡を歌ったフォークソングも好きでしたね。歌ってくれと言われても恥ずかしくて口ずさめませんが。

高校一年でアメリカのケンタッキー州にホームステイへ行き、高校二年で黒姫キャンプのシニアメイトをやりました。建築家を志し三重大学建築学科に入学。ＥＳＳのドラマクラブに所属し、英米の戯曲を発表する活動もしていました。演出が好きでしたから私は裏方体質なんだと思います。

大学三年の時、一年間休学して英語と建築の勉強のためアメリカへ留学に行きました。その夏、ハーレムの子どもたちを撮る写真家に出会い、その作品に惹かれて芸術としての写真に興味を持ちました。帰国後、大学の写真部に所属しながら写真活動を続け、四年の夏、幸運にも大阪のギャラリーで個展を開くことができました。その時建築ではなく写真の道を歩もうと決意。卒業してからお金を貯めたのち、写真家のコーネル・キャパが創立したニューヨークのＩＣＰ（International Center of Photograph）にて一年間写真の理論・技術を学びました。生徒の九割は外国からの生徒で国際色豊かな教室は刺激になりましたね。その後三年ほどスタジオ勤務をしながらニューヨークに滞在。二〇〇一年九月一一日、アメリカ同時多発テロ事件が起こりました。非常に許しがたい行為でしたが、その時アメリカの一方的なパトリオティックな反応に私は違和感を覚え、他の国々の価値観や文化に触れたいと思うようになりました。

アメリカを離れ、途上国であるネパールや南米を旅しました。二〇〇三年からフリーになって東京で活動するようになりましたが、写真を本の装丁に使っていただいていた出版社の編集デザイナーのアイディアで、さらなる旅に出ることになりました。世界中の子どもたちの笑顔と夢を詰め込んだ一冊の本を作ろうと、二〇〇五年から三年間かけてアメリカ、ヨーロッパ、アジア、中東、アフリカ、オセアニアの国々五五か国を回りました。子どもたち一五〇〇名にインタビューし、フィルム八〇〇本（三万カット）ほど撮りました。その結晶が写真集『DREAMS　大人になったら、なんになりたい？』（サンクチュアリ出版）です。二〇一〇年に日本で出版し、二〇一二年にはアメリカで、二〇一三年には韓国でも出版、ニューヨークの小学校・書店などで講演もしました。日本に戻ってからも、海外のクライアントからの仕事は英語で応対します。私の英語力のどこまでがラボの力か分かりませんが、英語を聞くことについてはライブラリーを聞いていた体験が確実にプラスになっていると思います。

私は、自分とは異なる環境で育った人々に会うのに大変刺激を覚えますし、どこに行っても誰分け隔てなく関係を作れる方だと思います。どんな国であれ、良い心を持った人との出会いは何よりの喜びです。限られた少ない予算の中、多くの人々の優しさや愛情に助けられ、ホームステイなどをさせてもらいながら世界を旅する喜び。その価値観はラボでの体験がベースにあったからだと思います。

昔から「遠くの知らない人々は野蛮人」と、壁を作るのが世の常ですが、ラボをやっていたお陰で異文化の人と交流する素晴らしさを学べました。他者をよく知ればステレオタイプな偏見もなくなり、自己と異なるものを排除しようとも思わなくなるでしょう。それを各々が続けていければ住みよい地球になる。私もラボに出会わなかったら、小さな固定観念に固められた人間になっていたかもしれません。私の撮った写真を通して、多様性への理解を広める手伝いができるといいなと思います。それぞれの国にある長い歴史とその土地の風土が紡いできた伝統的な暮らしの良さを多くの国の子どもたちに知ってほしい。

宮古島の元気なおばあたちを先日取材させていただいたのですが、その生き方が素晴らしかった。今は高齢者を生産性のない厄介者扱いする風潮がありますが、沖縄では年配の方がコミュニティの中で大切にされています。豊かな自然の恵みと唄や踊り、祈りが暮らしに密着しており、理想的な暮らしだと思いました。都会ではお金がなければ老人ホームにも行けませんが、沖縄には地縁で生きる本来の暮らしがありました。

国際紛争が多発する世界で私に何ができるか分かりませんが、他者を思う気持ちの美しさを表現できるような写真を撮り続けていきたいと思っています。人生を終える時、人類の幸福の姿を集めた写真集をこの世に残せていたらよいなと思います。

栗崎周平さん

栗崎周平（くりざき　しゅうへい）
一九七三年生まれ／愛知県江南市／ラボ歴一〇年、八歳から一七歳まで。伊与田パーティ／上智大学法学部卒、政治学博士（Ph.D、UCLA）／ハーバード大学ジョン・オーリン戦略研究所フェロー、米国テキサスA&M大学政治学部准教授を経て、二〇一三年より早稲田大学政治経済学術院准教授。

ラボっ子としての活動はあまり熱心な方ではありませんでした。ラボ・ライブラリーもたくさん聞きましたが、物語の世界を知ることで違った色々な世界があることに気づかせてくれました。しかし、テーマ活動は脇で見ていた方なので、活動を記憶していても文章やセリフはほとんど覚えていません。一方、ラボ・パーティで年齢の違う人たちといろんな活動をしたり、春、夏、冬のラボ・キャンプには多く参加したり、そこに全国各地から集まってくる多くのラボっ子たちと三泊四日一緒に活動したりするのはとても楽しいことでした。東京から参加する人たちと話しをしていると、もっと広い世界があるのだと思わせてくれました。こういう経験を通して、私はずっと外を見ていた気がしますし、いつか日本の外に出たいと思うようになりました。そういう意味で、ラボは私にとって世界への窓でした。

中学二年でアメリカのオハイオ州でホームステイをし、高校二年生の時にジョージア州で一年間留学しました。一九九八年に上智大学を卒業し、アメリカ・ロサンゼルスにあるUCLAの大学院に進学、二〇〇二年に修士号を取得し、二〇〇五年〜二〇〇六年ハーバード大学ジョン・オーリン戦略研究所のフェロー、二〇〇六年〜二〇一三年テキサスA&M大学政治学部で講師、准教授を務め、この間二〇〇七年にUCLAで博士号を取得しました。二〇一三年から早稲田大学政治経済学術院准教授に就任し、現在に至っています。

ラボ時代のことでは、二つの経験がその後の私に痕跡となって残っています。一つはテーマ活動での経験です。テーマ活動では物語の筋はありますが、場面場面で登場人物が何を考え、どういう気持ちでセリフを言ったり行動したりするかに正解はありません。ですから、皆で自分の見方や考えをどんどん出し合って、どう動いたらいいか決めていました。正解がないことについて、皆で自分の意見を出し合って決めることを当たり前にしていたことが、その後の私の研究姿勢として残っていると思います。

二つ目はラボでのキャンプの経験です。キャンプでは各地から集まってきたラボっ子が初対面で一緒に暮らすわけですから、皆がマイノリティとして行動することになります。そういう経験が、私が多様性を大事にしないといけないと考えるようになった原点になっています。

　私は今、主に世界の平和を維持する条件について研究をしていますが、こういう研究をするようになったのも、もとはといえばラボでのキャンプ体験です。お互い初対面で大勢のラボっ子と会い、短期間で仲良くなっただけに別れる時は辛い思いをします。その時、この人たちとまたどこかで会えればいいなと思い、そのためにはお互い生きている必要があると考え、そのためには世界が平和でないといけないと考えるようになったことが、現在の研究テーマにつながっていると言っていいでしょう。大学で学生たちには「平和的な解決ができない戦争はない」「戦争は政治の失敗である」といったことを話しています。ゲーム理論からも戦争のない世界を実現することは理論的に可能と言えますが、様々なバックグラウンドを持つ人でも分かり合えるという前提がラボにはあります。そこから学んだことが私の研究のベースになっているとも言えます。

　英語力については、ラボをやったから英語の成績がよくなることはないけど、ライブラリーを繰り返し聞くことで、「英語脳」あるいは「英語についての絶対音感」を作っているとは言えます。どういうことかと言えば、英語の発音を聞き分けることができるようになるということと、自然な英語とそうでない英語とが分かるようになると言うことです。私は大学院に行ってからも英語を学びました。集中的に英語の運用能力を高めるトレーニングをした時に、ラボでライブラリーを聞いていたことが生きたように思います。ラボが伸ばしているのは、実はコミュニケーション能力なんだろうと思います。多くのラボっ子にとって英語は慣れない言葉です。それでもラボっ子は、コミュニケーションをとろうとするからいろんな手段を総動員することになります。そこがラボっ子の強みの一つと言っていいでしょう。

私は国際結婚して妻はアメリカ人です。子どもは二人で一〇歳と一二歳。下の子は四歳で日本に来ましたから将来日本語が第一言語になるはずで、そうなると母子の会話ができなくなるのがイヤなので、家では英語、外では日本語でやっています。

若田光一さん

若田光一（わかた こういち）
一九六三年生まれ／埼玉県／ラボ歴八年、七歳から一四歳まで／九州大学大学院工学府航空宇宙工学専攻博士課程修了。博士（工学）／一九八九年、日本航空株式会社入社。一九九二年、宇宙開発事業団（現ＪＡＸＡ）が募集した宇宙飛行士の候補者に選ばれ、合計四回の宇宙飛行、総宇宙滞在時間は三四七日八時間三三分。現在、宇宙航空研究開発機構（ＪＡＸＡ）特別参与・宇宙飛行士。

中学三年までのラボっ子時代は自宅でライブラリーをよく聞いていました。今はネットで英語の発音など聞けますが、当時はそんなものがなかったですから、家でラボ・テープ（当時はＣＤでなくオリジナルのテープでした）を聞けるのは嬉しかったです。テーマ活動にも積極的に参加していました。今でも結構セリフを覚えています。『てじなしとこねこ』の最後の手品師のおじいさんが印象に残っていて「Bravo!」「Encore!」など、子ども心にもいい発音だな思って聞いていました。音楽も印象に残っています。『だるまちゃんとかみなりちゃん』もよく覚えています。「Kaminari-chan. Kaminari-chan. What do you choose?」とか「I want to go out anyway.」とか。当時はお話を何回も聞いて覚えて言えるようになり、相手にこういうふうに話したら伝わるなと思ったりしていました。基本的に言語はそうあるべきで、自然に言葉に親しめる環境をラボで提供していただいたと思います。一年に何回も発表会をしたこともありました。私が入っていたパーティは当時ほとんどが小学生だったこともあり、集団行動の時はリーダー役をさせてもらったり、年下の子を支援したりする場面もありました。黒姫のラボランドのキャンプは楽しかった思い出でいっぱいです。メンバーの一員として動き、登山や共同生活をしながら学校とは違う集団行動から学ぶことがたくさんありました。様々な活動の中で、鈴木ただ子テューターには色々なことを自分に任せていただき、失敗をしながら、新しいことにチャレンジする機会をいただきました。こうした経験が後の人生でも大いに役立ったと感じています。

中学二年の時にアメリカのコロラド州でホームステイを経験しましたが、その時は英語での会話能力はまだ不十分でした。中学三年生でラボを卒業、高校では部活動（野球）に熱中しました。高校を卒業後、九州大学工学部で航空工学を学び、さらに大学院修士課程で応用力学を学んだ後、一九八九年四月に念願叶って日本航空の整備の仕事に就くことができました。一九九二年に当時の宇宙開発事業団（ＮＡＳＤＡ）から宇宙飛行士候補者に選ばれ、一九九三年に米国航空宇宙局（ＮＡＳＡ）でスペースシャトルの Mission Specialist として認定されました。一九九六年と二〇〇〇年にスペースシャトルでの宇宙飛行に搭乗し、二〇〇九年には四か月半の国際宇宙ステーション（ＩＳＳ）長期滞在飛行を経験しました。二〇一〇年には一年間、ＮＡＳＡ宇宙飛行士室のＩＳＳ運用部門長としてＮＡＳＡをはじめ、各国の宇宙飛行士のＩＳＳ飛行を支援する任務を担当させてもらいました。二〇一三年から二〇一四年には、ソユーズ宇宙船で一八八日間のＩＳＳ長期滞在飛行に臨み、その後半の第三九次クルーのコマンダー（ＩＳＳ船長）を担当し、宇宙に滞在した総時間は三四七日を超えました。

私がラボ体験を終えた後のことを話しましたが、いま振り返ってみると、ラボでの様々な体験がその後の私の基盤になっていることに気づきます。私がコマンダーとして心掛けたことや実際に取り組んだことは、ラボっ子時代にテューターや仲間と過ごす時間で学んだことだったようにも思います。小学生の頃、宇宙飛行士のコマンダーになるとは思っていませんでしたが、テーマ活動を成功させるには一人ひとりが自分のセリフをしっかり覚えて、チーム全体でいいものを作っていこうという意識が必要でしたし、その過程でテューターの役割が重要であることにも気づきました。子どもたちの士気を高め、子どもたちが自然にやる気を出すような工夫をしてくれていました。そんな体験から、自分もチームをまとめるにはコミュニケーションが大切だと感じました。良好なコミュニケーションなしにチームのパフォーマンスが上がることはありません。宇宙の仕事でもそれは同様に大切です。きちんと自分の意見を伝え、相手からも率直なフィードバックを受ける人間関係を構築する。そういう意思疎通の基本をテーマ活動をしながら身に付けることができたと思います。

私はスペースシャトルで二回、ＮＡＳＡのブライアン・ダフィー船長のもとで宇宙飛行をさせていただきました。クルーの一人ひとりが宇宙での任務を遂行できる準備ができているかを普段の会話を通して把握することもコマンダーには必要であり、クルーの各々に相応しい役割や責任をコマンダーが与えることで皆の士気が高まります。チーム全員の能力を最大限発揮させるために、メンバーを信頼して個々に任務と責任を与えることの大切さをダフィー船長から学びました。考えてみたら、テューターからも同じようなことを体験させてもらえていたのだと思います。テューターによる教育は素晴らしいものだと思います。

私はＩＳＳクルーのコマンダーになった時に心掛けたのは「和の心」を持って行動することでした。ＮＡＳＡやメディアからの質問を受ける時には、英語で「Compassion for others」とか、「The ability to produce the best result of peaceful communication」などと説明しています。「夢」と「探究心」と「思いやり」。この三つは宇宙での仕事に限らず、日々の生活や仕事でも大切なことだと思います。何をするにも一人だけでできることは限られており、チームで物事に取り組む時、この「思いやり（Compassion）」という言葉はとても重要です。

優れたリーダーは、リーダーを支える能動的なフォロワーとしての役割も演じられる人だと思います。コマンダーとして宇宙に行く二年前から集中的な訓練を受けますが、厳しい状況でもチームの士気を維持してチームとしてのパフォーマンスを最大限に発揮すると共に、皆が楽しいかけがえのない時間を一緒に過ごしていると思ってもらえるように工夫し、実践し、リーダーシップ能力を高めていかなければなりません。ラボで勉強させてもらったことと重なるものがあります。重要なのはお互いの信頼関係です。「和の心」は大切ですが、最初から妥協点を目指すだけでは真の信頼関係は生まれません。しっかり議論し、最終的な解を出していくことが肝要です。色々な国の方々と仕事をしていますが、最初から論点を明確に示さずに「まあまあ」などと安易に譲歩するようでは仲間からリーダーとして認められません。全体像を見据えつつも、自分の率いるチームの利益を念頭に調整を行い、最終的に相手に対して譲歩して物事を決着させる場合にも、冷静で合理的な状況判断能力が求められます。文化や習慣の違いでぶつかることもありますが、相手に自分の論点を理解してもらえるよう粘り強く努めることが重要です。

二〇一三年から二〇一四年の一八八日間の宇宙飛行中、私たちは地球を三〇〇〇周以上回りました。あっという間の約九〇分で一周できる地球、そのなかで本当に多くの人たちが生きている。慣れ親しんだゆりかごを離れて外の世界から振り返ってみることで、自分が普段いる場所をより広い視野で見直すことができると思います。中学二年の時の体験も同じで、アメリカの家庭で一か月間ホームステイすることで故郷の日本を見つめ直す貴重な体験ができました。今、国際宇宙ステーション計画の下で世界各国の人々と協力して仕事ができることに感謝しています。ラボのように幼い頃から様々な国の人々と交流し、共に活動することで、地球人としての感覚や価値観が自然に生まれてくるのではないかと思います。小さい頃からテーマ活動などで、英語だけでなく様々な国の言葉も含めた活動をすることでグローバルな意識が生まれることは素晴らしいと思います。

私の英語力について言えば、初めて一九九二年にヒューストンのＮＡＳＡで訓練を受けた時、そこで話される英語会話の内容はとても単純でも、管制官や教官、仲間の宇宙飛行士たちが話す英語が速すぎて、何を言っているのかほとんど分からないことが頻繁にありました。その時に思いついたのが、昔からラボでやっていたように会話をテープにとって何回も聞いて理解できるようにすることでした。宇宙飛行や航空機操縦訓練での典型的な会話のやりとりを録音して、繰り返し聞くことを心がけました。ロシア語も同じようにすることで苦労しながら習得することができました。

いろんな意味でラボでの様々な体験が、その後の人生で出会う様々な困難な局面を乗り切るための糧となったことは間違いありません。

（写真提供　ＪＡＸＡ／ＮＡＳＡ）

松崎悠希さん

松崎悠希（まつざき　ゆうき）

一九八一年生まれ／宮崎県宮崎市／ラボ歴一一年、七歳から一八歳まで。松崎パーティ／高校卒業後アメリカで俳優になるため渡米。ハリウッドに移り住み、『ラストサムライ』『硫黄島からの手紙』『ヒーローズ』『ピンクパンサー2』など四〇本以上の作品に出演する。声優としても出演。二〇一五年から英語の発音コーチとしても活動を開始。ハリウッド俳優、声優、英語発音コーチ。

私が七歳の時、母がテューターになりラボ・パーティを始めたため、小学校二年生でラボっ子になりました。パーティでの活動も好きでしたが、私が何よりも好きだったのはテーマ活動でした。毎晩寝る前に片っ端からライブラリーを聞いていました。そんなことで、今でも『ガンピーさんのふなあそび』『三びきのやぎのがらがらどん』『西遊記』『たぬき』

『ふしぎの国のアリス』『だるまちゃんとかみなりちゃん』『日時計』『三人のおろかもの』『きてれつ六勇士』などなど、音楽入りでセリフも言えるくらいです。

中学一年生の時にアメリカのニュージャージー州でホームステイを経験しました。高校を卒業して四か月後に俳優になろうと六〇〇〇ドルを持って渡米、ニューヨークに行ったのですが、そこですぐにお金を盗まれ、ほぼ一年間、ストリート・パフォーマンス（大道芸）のようなことをして生活していました。二年目に、俳優になるならハリウッドに行った方がいいと言われて移り、車の車庫で寝起きするなど極貧生活を送りながら映画やテレビドラマのオーディションを受け続け、これまで『ラストサムライ』『硫黄島からの手紙』『パイレーツ・オブ・カリビアン4』などに出演しました。幸い極貧生活は一一年目に卒業し、今はプロの俳優として生活できています。最近は日本の作品に出演する機会も増えています。そんな私に注目してくれる出版関係者もいて、文部省検定に合格した高校二年生の英語の教科書『Grove English Communication II』（文英堂）ではLesson 1で私自身のこれまでの歩みを寄稿しました。

ラボっ子時代の経験で一番思い入れがあるのは、やはりテーマ活動のことです。私のパーティではテーマ活動はテューターがラボっ子の自主性に完全に任せてくれていました。私はパーティで最年長でしたが物語の主役を演ずることはあまりせず、むしろ自分は一歩引いて、自主的に意見を言わない子から意見を引き出すのが好きでした。テーマ活動を作る上でそれが一番楽しかったです。引っ込み思案だけど創造力豊かなラボっ子が自分の意見を言って、みんながそれを尊重し、一緒にテーマ活動を作っていく、その楽しさにそれぞれが気づいてくれることが嬉しかったです。僕たちのパーティの優先度は、いかに観客を驚かすか。笑わせるか。意外性を出すため、わざといくつかの物語を組み合わせて、本来は存在しない「ハイブリッド・テーマ活動」というものを作り出して遊んでいました。

例えば、途中までは普通に『ガンピーさんのふなあそび』をCD通り、完全に演じ切ります。みんな笑顔で牧歌的な世界観で。……ところが突然「May we come with you?（一緒につれてって）」、「said the troll（と、トロルが言いました）」と、トロルが現れます。するとガンピーさんは「I'm sorry, but you are too big.（だめだよ、君は大きすぎる）」と乗船を拒みます。当然トロルは怒って「Now, I'm coming to gobble you up!（ならば、きさまをひと飲みにしてやるぞ！）」と怒鳴ります。……すると、音楽がいきなり『三びきやぎのがらがらどん』になったかと思いきや、ガンピーさんがオールを膝で叩き割って「二本の槍」にして凄みながら、「Well, come along! I've got two spears.（さあ来い！ こっちにゃ二本のやりがある）」とトロルとの大決戦が船の上で始まってしまう……、という。こういう感じでいきなり途中から別のお話に変わってしまう。けれど、ライブラリーを聞いているラボっ子なら、どちらも元ネタが分かりますから楽しめるわけです。こんなふうに僕たちはライブラリーの境界線を越えて自由に楽しんでいました。

ラボっ子時代はあまり意識していませんでしたが、俳優になってから面白いな、と感じたのが、ラボの「雰囲気の表現」です。主人公がウキウキしながら歩いていたとしたらその時の主人公の「ウキウキした気持ち」を身体で表現する。この「人」でも「物」でもない、「雰囲気」を身体で表現するラボっ子たちがいかに創造力豊かだったか。これは後になって気づきました。

それから、私は子どもの頃からライブラリーを何百回、何千回と聞いていましたので、音楽で言うところの「絶対音感」に似たものを身に付けた気がします。単語のn、m、ngの違いも当然聞き取れますし、音を聞くだけで口の中の舌の位置が分かります。英語は「標準語」が無い言語ですから、プロの役者として役を演ずる時は「役に合った英語」をしゃべらなければなりません。そんな時、この「英語の絶対音感」があるお陰で、細やかなアクセントの調整ができ、とても重宝しています。最近演じたのは一九六四年にアメリカのサンフランシスコに住んでいた日本人の役です。六〇年前に存在した「アメリカ標準英語」ではtの発音が現在のアメリカ英語の「d化するt」の発音とは微妙に違い、一瞬消えたように聞こえる繊細な発音でした。私は、この時代に合ったtの発音と、役に合った日本人の訛りを混ぜて、キャラクターに合った新しいアクセントを作り出し、その役を演じました。こういった器用な真似ができるのは、渡米して以来、英英辞典を何冊も使いつぶしてしまうほど英語と発音を専門的に勉強したこともありますが、幼い頃からラボで耳を徹底的に鍛え、ありとあらゆる音に親しんでいたからだと思います。

それからもう一つラボに感謝したいのは、「何事も恐れない度胸」を与えてくれたことです。中学一年でホームステイし、まったく英語が分からない環境で一か月間過ごした経験もそうですし、ラボの発表会の直前に、たとえテーマ活動がまだ完成していなかったとしても「何とかなる」という気持ちで発表を迎えていたお陰で、今となっては大したことでは動じません。どんなに新しい環境でも「住めば都」で、すぐに適応できるのもラボっ子の強みなのでしょう。

カメラの前に立って「お話の世界」に入り込み、自分の身体を使って色々なことを「表現」し、それを観客に見て楽しんでもらっている私は、今でも「現役ラボっ子」なのだと、日々胸を張って生きています。

楡木祥子さん

楡木祥子（にれき しょうこ）
一九六九年生まれ／千葉県船橋市／ラボ歴二二年、一歳から二二歳まで。鍋島パーティ／筑波大学大学院国際経営プロフェッショナル専攻卒／二〇〇四年よりOSSUR社。

私が生まれて一年後に母がラボのテューターになり、自宅の居間でパーティを始めたので、私は物心がつき始めた一歳の時にはもうラボっ子になっていました。それから断続的ですが大学を卒業するまでラボの活動を続けました。ラボっ子としては、ナーサリー・ライムを歌ったり、ライブラリーを聞いて物語の世界に浸ったり、テーマ活動に熱中したり、キャンプに参加して大勢のラボっ子たちと合宿生活を楽しんだりもしました。黒姫のキャンプには小学一年生の時から母と一緒に出かけていましたが、自分から希望して母とは違うロッジで三泊四日の生活をしました。このような経験も、その後の私にとってためになったと思っています。

私は中学生からつくば市に寮のある私立学校（茗溪学園）に入り、実家を離れて寮生活をすることになりましたが、母がテューターでしたので断続的ではありましたがラボ活動は大学を卒業するまで続けました。中学一年生の時にはアメリカのカンザス州でホームステイの経験もしました。

そのまま高等部に進み、二、三年生でUWC（United World College）という機関の、イギリスのウェールズにある高校（アトランティック・カレッジ）に留学することになり、二年間イギリスで寮生活をすることになりました。この学校は国際バカロレア（IB）の取得を目的にしていて、世界一六〇か国から学生が来ています。四人が一つの部屋で暮らす生活でしたが、私が一緒に生活していた同室の四人は全員違う国籍でした。

何とかIBを取得でき、イギリスでの留学を終えて帰国した後は筑波大学に進み、芸術専門学群で工業デザインの勉強をしました。卒業してすぐに建築会社に就職し、スポーツ医療系の建築の仕事をしていた時に義肢装具士の仕事に出会いました。子どもの頃から医療や福祉関係の仕事をしたいという漠然とした思いがありましたので、二八歳で退職し、国立の障害者リハビリテーションセンター学院に入り、本格的に義肢装具の勉強をしました。今は、英語ができるということもあって、アイスランドに本社があるOSSUR社（オッシャー：日本ではオズール）に採用され、現在、日本駐在員事務所代表として仕事をしています。義肢装具の仕事と言っても私が義肢を作っているわけではなく、適合のアドバイスをしたり、海外に出かけ事業の打ち合わせをしたり、国際会議に出て通訳をしたり、マスコミ対応の仕事をしたりしています。海外出張が多く、体力がないとできない仕事だと思っています。

私がラボ・ライブラリーを聞いて、パーティやテーマ活動、キャンプやホームステイなど、ラボの様々な体験によって身に付けたものは多いです。ナーサリー・ライムで身に付けたユーモアの感覚や教養などは大人との会話でも活かせましたし、ライブラリーで覚えたセリフが咄嗟に出て会話を弾ませたり、座を和ませたりできたことも少なくありません。ライブラリーには完成されたセンテンスの凄さを感じます。ラボのＣＤには、英語ができるようになればなるほど「届かない」と思わせる奥の深さがあると思います。ラボの英語は海あるいは森。それに対し学校英語はプールか花壇。ラボの教材が本当に役に立つのは海に出てから。できる子ほど栄養素を自分でつかむ方法を知っています。私のパーティには幼児から高校生、大学生まで六〇人ほどいましたが、テーマ活動の英語が一番滑らかなのは小学生、なぜなら耳から音を入れているからです。表現がうまくなるのは中学生、高校生になってからですが、小学生のイメージや発想の凄さには圧倒されることが多かったです。多様な年齢の子が皆でディスカッションして、自分のことをしっかりやりながら、端々まで目をやって、小さい子を意識しながら全体で動くという経験も今の仕事をしていく上で本当に役に立っています。自分が親となって子育てするようになって分かったのですが、わが子もスサノオなんだとか、『十五少年漂流記』の子どもたちと同じだと気づいて安心したのも、ラボの物語を知っていたからでしょう。

私の会社は各国に三〇〇〇人の社員がいますが日本人は三人だけで、様々な国籍の人と関わります。社会人になってからの苦労は、国民性や人間性の違いにどう対応するかですが、ラボで育ったので世界の物語、ナーサリー・ライム、フォークソングなど話題が幅広く、いい人間関係作りに活かせています。また、イギリスに留学した一年目、日本語の私の教科書（右から左へ読む）を見て「It's backward」と言った子にカチンときて、「No, It's opposite!」と言い返しました。欧米の価値観で世界を判断するな！ ということを伝えたかったのです。最近パーティに来てくれたラボ・インターン（英語圏からのインターン生）が「better とか worse ではなくて、difference なんだ」と言っていましたがそれに近い感覚です。そういう感覚が自然に育ったのも、ラボでの経験があったからでしょう。一〇年間マネージメントの仕事をして得たもの、得るために必要だったものを考えると、ラボ・キャンプがあり、ホームステイがあって、今の私があることに気づきます。一〇年間スカンジナビアの人たちと仕事をする中で気づいたことがこのことです。日本の企業では気づかなかったと思います。

最後に気づいたことをもうひとつ付け加えれば、英語圏でない国に住めば住むほど英語の重要性を実感しました。アジア人どうしも共通の言語として英語でコミュニケーションする必要があるのです。

大和佐江子さん

大和佐江子（やまと　さえこ）
一九六三年生まれ／愛知県名古屋市／ラボ歴八年、九歳から一六歳まで。林恭子パーティ／上智大学外国語学部ドイツ語学科卒／キリンビール株式会社、梶本音楽事務所、フリーランスを経て、現在、東京オリンピック・パラリンピック競技大会組織委員会に勤務。

私がラボ・パーティに入ったのは小学校四年生の頃だったと記憶しています。ライブラリーは『わんぱく大将トム・ソーヤ』とか『ロミオとジュリエット』など、物語の中に入り込むのが楽しくて熱心にライブラリーを聞き、セリフも聞いたままを覚えていました。
中学校に入り、英語の先生に「発音がよい」と褒められ、不思議だったのですが、今思い返すとラボでの活動のお陰でした。ラボをやっていたので英語のリズムやイントネーションが身に付いていたと思います。ラボランドくろひめでのキャンプにもよく参加していました。

初めて外国に行ったのは、中学一年生でアメリカのネブラスカ州にホームステイした時です。その頃はまだ英語も分からないし、何もかも異文化の世界。ホームステイした家は田舎の農家で広い土地を持っていました。食事は質素で食事のメニューは二パターンしかなく、皆な裸足で歩いていました。ホストマザーは親切で気を遣って辞書を使って、一生懸命にコミュニケーションする努力をしてくれたのはよく覚えています。また、アメリカの広い土地を、刈り取った草の香りを鮮烈に記憶しています。

高校生の時に再びオレゴン州へホームステイに行き、翌年の夏にも同じ家庭でステイさせていただきました。最後のホームステイ時には、同世代のホストファミリーの子と英語でちゃんとコミュニケーションが取れるほどになりました。

高校を卒業して進んだ大学は上智大学のドイツ語学科でした。ドイツ語を選んだのは、もともと音楽を聴くことが好きで、ベートーベンのお墓参りに行って、故人とドイツ語でおしゃべりしたいという乙女チックな理由からでした。もちろん、夢を叶えることができました！

大学を卒業してキリンビール株式会社に総合職として就職しましたが、自分がサラリーウーマンとして仕事をするのは「何か違う」と感じ、二年で退職しました。もともと好きだったクラシック音楽に関わる仕事がしたくて、梶本音楽事務所（現・KAJIMOTO）に就職し、一五年間演奏家のマネージメントやツアー制作の仕事をしました。

その後、独立してフリーランスとなり、サントリーホールや名古屋フィルハーモニー、様々な音楽祭やコンサートなどの仕事を引き受け、アーティストのアテンド（世話）や通訳をしたり、国内外のコンサートの裏方や山形・かみのやま温泉の旅館でのコンサートの企画運営などをしました。小澤征爾さんが主宰する若い音楽家を育てる室内楽アカデミーに携わらせていただいたことも、素晴らしい経験になりました。

音楽家の方たちの裏方の仕事をしていると、なかには気難しい人もいますし、相当型破りで風変わりな人もいます。他の人には無理だけど私なら大丈夫ということで、そういう人の対応はいつも私に回ってきました。私は初対面の人にも物怖じしませんし、人と接するのを楽しむところがあります。最近ようやく思い当たったのは、こういう人間になったのも、そのベースにラボでの様々な体験があるからということです。言葉だけでなく、コミュニケーションの力がついたということです。

例えば、小澤征爾さんは英語そのものが流暢なわけではありませんが、世界中どこでも通じます。コミュニケーション力がずば抜けています。外国語の流暢さだけでは、何のコミュニケーションにもならないという良い例だと思います。

私は一人で仕事することも多かったので「何とかなる」「何とかしなきゃ」と自分を励ましながらやっていましたが、まったく異文化で言葉も違うところでホームステイした経験などで育まれたのかもしれません。

現在は音楽の仕事を続けながら、東京オリンピック・パラリンピック競技大会組織委員会で働いています。私の担当は国際プレスセンターです。二〇二一年に延期になりましたが、日本や世界がたくさんの課題や困難を乗り越え、平和の祭典で世界中の方をお迎えし、日本を楽しんでいただくために、私も楽しみながら自分の役割を果たしたいと思っています。

宮沢和史さん

宮沢和史（みやざわ　かずふみ）
一九六六年生まれ／山梨県甲府市／ラボ歴一三年、五歳から一八歳まで。千野パーティ／THE BOOMのボーカリスト。作家としては、夏川りみ、中島美嘉、平原綾香など多くのミュージシャンに楽曲を提供。THE BOOMの解散後、歌手活動を再開。沖縄芸術大学で非常勤講師も務める。

私は小さい頃、身体が弱く、引っ込み思案なところがある子どもだったようで、母が心配し、他の子と同じように大勢の子どもたちと一緒に色々なことができるようにと考えて、ラボ・パーティに入れたと聞いています。ですから私がラボっ子になったのは早くて、高校を卒業するまで続けました。ライブラリーは『ぐりとぐらのおきゃくさま』や『だるまちゃんとかみなりちゃん』のようなものより、どちらかというと大人でも楽しめるような作品が好きでした。『幸福な王子』『ふるやのもり』『すてきなワフ家』などです。テーマ活動では、中学生の時、すべての役を自分でやる「一人テーマ活動」を一斉に、五人くらいでやったりもしました。キャンプにもよく参加していましたし、ヴァイスキャプテンやキャプテンをやったこともあります。ライブラリーもよく聞いていましたし、一人テーマ活動をやった割には、いま思い出せるセリフはあまりありません。英語は音楽を聴くという感じで、聴覚で受け止めていたと思います。

中学二年生の時、アメリカのカリフォルニア州の片田舎でホームステイしました。初めての外国、初めてのアメリカ、同年齢の少年の体格もスーパーマーケットも何かも大きかった。急に別の世界にワープしたような気がしました。ステイした家は農家でヤギや豚やウサギを飼っていましたからその世話もしましたが、家にビートルズのレコードが揃っていたり、ギターを置いてあったりしましたので、音楽を聴いたりギターを弾いたりしているうちに自分で曲を作ってみたくなって、初めてそこで自作の曲を作りました。ミュージシャンになりたいという憧れが、ビートルズの音楽に刺激されて強くなったのかもしれません。

高校を卒業したら、大学は東北か北海道の水産関係の学校に入って、魚について勉強しながら趣味の釣りを楽しみたいとも考えました。けれどももう一方で音楽の世界でプロになりたいという欲求を捨てきれず、その道を叶えるには東京に行くしかないと明治大学に進みました。ラボとの関わりはここで終わり、東京では大学に通いながらバイトをし、在学中の一九八六年に音楽仲間四人とTHE BOOMというバンドを作り、原宿の歩行者天国でゲリラライブをしていました。本格的なデビューは一九八九年に「君はＴＶっ子」を出した時からですが、一九九二年に四枚目のアルバム『思春期』に「島唄」の曲を入れ、その歌詞を沖縄の言葉で三線を弾いて歌ったのが沖縄でも評判になり、翌年出したシングル盤が全国で一五〇万枚も売れるというヒット曲になったことで、世間に名前を知られるようになりました。沖縄音階や三線を使うきっかけになったのは三枚目のアルバムのカバー写真を撮るために初めて沖縄に行ったことです。暑い日差しや色の濃い青空や海、水牛とそれを曳く老人がゆっくりゆっくり歩いている様子を目の当たりにしてひらめくものがあり、それ以降、沖縄音楽が自分の音楽性の一部になりました。以後、サンバやラテン、レゲエなどそれぞれの音楽を訪ねて色々な国に行き、曲を作ってきましたが、考え方や方法は同じで、その国やその土地への私のインスピレーションを大事にした曲作りをしてきました。

最近ますますグローバルだのワールドワイドなどと言われることが多くなっています。その流れには逆らえませんが、むしろ、これからはローカリズムが大切になってくると思っています。文化であるとか音楽も食べ物も、それぞれの土地で生まれ育まれて今日まで続いてきたものは貴重です。お互いの違いに興味を持ち、そこを認め合い、共通点を探し合うことが大事だと思います。私はミュージシャンですから音楽でそれを実現したいと思っています。そんな考え方の延長で、二〇〇六年からは、アフリカ系奴隷解放運動の指導者だったという、ブラジルに実在した人物の名前を拝借した、GANGA ZUMBA というバンドを作って活動しています。メンバーは一〇人ですが、私を含め日本人は六人で、他のメンバーの国籍はブラジル、アルゼンチン、キューバで多国籍バンドです。それぞれのメンバーがもっているローカル性を混ぜ合わせて、全く新しい何かを創り出したいと考えてのことです。

私がこんな活動をするようになったおおもとを探っていくと、ラボ体験にあるのかと思います。ラボっ子だった頃は出身地の甲府はラボが盛んでした。そんなこともあって他のパーティとの交流もよくしていましたが、川を挟んで向こう側に行くと全然違う人たちがいる。また、ラボ・キャンプに行くと全国から大勢のラボっ子が参加していましたから、そこでもいろんな個性の子と出会いました。アメリカでホームステイしたら、さらに顔も習慣も言葉も文化も違う人たちと会うことになりました。そんな体験から人間にはいろんな人がいるということを自然に分かるようになっていたのだと思います。人間の多様性ですね。同時に誰もが大事なんだということも。そういう多様な人たちと何をしたら協調し合えるか、普段接点のない人たちといかに共振できるか、そういう人たちがいる街でどこまで自分の歌が通じるか、そういうところに意識がいくことが多いです。ニカラグアでもホンジュラスでもコンサートをしました。常に銃声が聞こえるような国でも、音楽が始まると笑顔になります。宗教や言葉や文化が違っていてもそれは変わらない。そういうことを教えてくれたのも、もとはラボだと思います。

そんな思いをベースにしながらラボっ子たちのために創作したのが「ひとつしかない地球（The One and Only Earth）」です。私がこの曲で言いたいのは、「世界には君の知らない人がいっぱいいいる。それを知り、お互いの違いを知り、尊重し合い、力を合わせて未来を描こう」ということです。そんな私の思いを歌詞にして曲を作りました。ラボ・キャンプの最後の日に皆で歌い、歌いながら泣く子が多いと聞いていますが、この曲に共感しているということだと思いますので、曲を作った人間としては嬉しいことです。

岡田　力さん

岡田　力（おかだ ちから）
一九六二年生まれ／東京都足立区／ラボ歴一二年、六歳から一七歳まで。香川パーティ、花房パーティ／早稲田大学教育学部卒／産経新聞を経て朝日新聞に入社。社会部記者、月刊 Journalism 編集長など歴任。現在、同社教育総合本部・教育コーディネーター。

小学校一年生でラボっ子になり、高校三年まで続けました。明治時代に活躍した新聞記者が主役だったC・W・ニコル作の『日時計』の話が好きで、小学生の頃よく聞いていました。『ブレーメンの音楽隊』の歌や『ソングバード2』の北極の作品も好きでした。テーマ活動もかなりやりました。取り組み中に、ラボっ子どうしの話し合いも活発にやった記憶があります。

ラボ・パーティには年齢の異なる色々な子がいました。有数の進学校の生徒もいれば、今で言うヤンキーみたいなワルもいました。そうした子が一緒になって話をしている、そういう空間が気持ちよかったです。学校というところは学力という尺度で人を分断して、同質の人間ばかり集められていますが、ラボには多様性がありました。塾も学校に似たようなところがありますが、そういう学校や塾とは違う自分の席がラボにあったのは救いでした。学校では決して混じり合わないようなメンバーと、ラボでは普通に付き合えました。変な競争も偏見もなかったからだと思います。黒姫のラボ・キャンプにも小学生の頃から何回も行きましたが、毎回参加するラボっ子は大勢で色々な子がいましたが、そこの雰囲気もパーティと同じで、大きい子も小さい子も仲良く活動していました。

中学校二年生でアメリカのネブラスカ州でホームステイしましたが、英語で何とか意思疎通できました。高校生の時はキャンプでシニアメイトもしました。

大学は早稲田大学教育学部でした。しかし教師になる気はなく、マスコミ志望で産経新聞社に入社し、前橋支局で記者として七年ほど仕事をして、一九九二年に朝日新聞社に移って水戸支局、社会部、警視庁公安担当などを経て、現在朝日新聞社発行の雑誌『Journalism』の編集長をしています。

私は新聞社に入ってから記者としてリクルート事件とか、連続幼女誘拐殺人事件とか、オウム真理教事件とか世間を騒がせた大きな事件から、地方の小さな出来事など様々な出来事の取材に当たってきました。社会部はスポーツも扱いますからサッカーのワールドカップ・フランス大会の取材などもしてきました。そのような事件や出来事を取材するなかで、色々な人に会って話を聞くことになりますが、私は肌感覚を大事にしてきました。肌感覚と言ってもなかなか説明が難しいのですが、誰と会って話を聞く時も、その人の気持ちやその人の心づもりや意図といったものを推し量り、尊重しながら話を聞くということでしょうか。記者としての都合や意図を前面に出すよりも、まずその人、そのものを深く理解するということです。人間には色々な人がいますし、それぞれに違いますから、どんな人も十把一絡げにして接するのではなく、一人ひとりを大事にしながら取材をお願いしたということです。

記者一年目の駆け出しの頃、ある市で風俗営業店の二〇歳の従業員が殺されるという事件があって取材した時ですが、殺された女性を知っているという客引きの男性と以前一緒のキャバレーで働いていたという三人に会って話を聞くことがありました。その人たちにとっても仕事を終えてから深夜に取材に協力してくれるのは大変なことだったはずですが、客引きの男の人もキャバレーで働く女性たちも一生懸命生きていることが分かりましたし、傷つけられた人に優しくなれるのは同じような傷を持っているからでしょう。そういう人たちがお互い労わり合って生きていることを改めて知りました。

一九九八年のフランスのサッカー・ワールドカップでの取材の一環で、ユーゴスラビアチームの中心的な選手だったストイコビッチさんを取材したことがあります。その時実感したのは、人は誰でも一人ひとり複雑な歴史や関係の中で生きているということでした。

ユーゴスラビアはセルビア人、クロアチア人、スロベニア人などで構成されている国で、人種間の関係も国の歴史も複雑な国です。ストイコビッチさんはユーゴスラビアチームの英雄のはずですが、取材でもなかなか本音を話してくれませんでした。仕方なくお父さんに話を聞くことにして、生まれ故郷のニーシュという町を訪れてお父さんに会いました。そこで分かったのは、その地は第二次大戦中にセルビア人がナチスに大量に殺された場所で、ナチスと裏で通じていたのがクロアチア人だったとお父さんは話していました。ストイコビッチもお父さんもセルビア人です。こうした複雑な関係まで自分の肌で感じ理解しないと、人と会って話を聞いてもいい報告はできないということを実感しました。日本であれ世界のどの国であれ、複雑な環境や関係の中で人間は生きているわけで、物事をそうした広い目で見ることも大事なことだと改めて思い知らされました。

人に会って話を聞くという記者としての最も大事な基本といったものが培われたのは、やはりその原点には私自身にラボでの体験があったからのことだと思います。ラボ・パーティもラボ・キャンプも色々な子がいましたが、誰も仲間外れをするとか差別したりすることなく、皆な仲良くしていられる場で、私自身そういうところに居ることができて救われていましたから、ごく自然にそういう取材ができるようになっていたのだと思います。また、英語と日本語でいろんな国の、いろんな時代の、いろんな物語を聞いて、いろんな世界があることに馴染んでいたことも下地になっていたのかもしれません。
今、雑誌の編集長として定期的に「企画会議」を開いていますが、私は編集長権限で押し付けるのではなく、部員皆で考えて意見を出し合い、紙面を作っています。テーマ活動をやる時も、ラボは劇団なのかと思うくらい話し合いました。皆で話し合って決めるものだということが肌に沁みついているのかもしれません。

高津玉枝さん

高津玉枝（たかつ　たまえ）
一九六〇年生まれ／大阪府羽曳野市／ラボ歴一四年、九歳から二二歳まで。杉浦パーティ／甲南大学法学部卒／富士ゼロックスを経て株式会社トッピングを創業、その後、株式会社福市を創業。

母がテューターであったため、私がラボ・パーティに参加したのは小学校四年生の時で、大学を卒業するまで続けました。近所の子どもたちが集まってくるパーティはとても楽しく、ライブラリーも聞いていましたし、テーマ活動にも積極的に取り組んだ方だと思います。その割にセリフなどはあまり覚えていませんが、『ピーター・パン』や『わんぱく大将トム・ソーヤ』や『ぐりとぐらのおきゃくさま』や『すてきなワフ家』などは大好きなお話でした。ラボのセリフと英語でのコミュニケーションの関係は、自転車に乗る感覚と似ているように思います。どの物語の誰のセリフだったか思い出さなくとも、身体に浸み込んだものを意識せずに使っている感覚です。今、フェアトレードの仕事で世界各国を訪問し、英語がネイティブでない方たちともコミュニケーションしていますが、相手のジェスチャーや表情から、相手が何を求めているかを読み取ろうとする力がテーマ活動を通じて身に付いたと思います。

私は中学一年生で、国際交流に参加し、カリフォルニア州でホームステイしました。現地で「eat」は「食べる」という意味なんだと知ったくらいですから、英語はまったく話せませんでした。大学四年の時に個人的にホームステイした家庭を訪ねたのですが、その時ホストマザーに「あなたは言葉が話せない子だと思っていました」と言われたくらいです。私がラボの活動で一番印象深いのはラボ・キャンプです。黒姫だけではなく、高梁や産山のキャンプにも参加してシニアメイト（キャンプリーダー）もやらせていただきました。そのキャンプでの経験は私の人生にとって貴重なものとなりました。

一九八三年に大学を卒業して富士ゼロックス社に入社したのですが、当時の富士ゼロックスは女性が長く働くのが難しい環境だったので二年で退社し、貿易関係の商社に勤めた後に独立し、マーケティングの会社を作りました。仕事はやりがいもあり面白かったのですが、デフレに伴いただ安いモノばかりが求められる消費行動に疑問を感じていた時に、「フェアトレード」という考え方に出会いました。同じモノを売るにも社会的に意義のあるモノを作って売ることで、現代の国際社会が抱えている問題、例えば途上国の貧困の問題を解決するようなことをやってみようと、二〇〇六年に「株式会社福市」を立ち上げました。

フェアトレードというと、途上国の貧しい人たちが可哀想だから商品を買ってあげて助ける援助だとイメージしている方が多いですが、貧困の問題は途上国だけの問題ではなく世界の仕組みの問題です。私たちが安いモノを求めるために過度に農薬を散布して健康を害したり、環境を破壊したり、多国籍企業が現地で働く人の賃金を低くして搾取したり、経済成長の名のもとに著しい貧富の差が生まれています。今まで平和に暮らしていたのに、貨幣経済が入ったり、環境破壊、気候変動など、主に途上国の弱い立場の人たちが暮らせなくなっている。そういう社会的な問題を解決するために、貧しい途上国の人たちの仕事を増やし、作ったものを適正な価格で買い取ることで、彼らが自立し、誇りを持ち、生きていくことを支援するのがフェアトレードの目的だと私は考えています。人は他人からの施しや寄付だけで生きていけるわけではなくて、自分の力で自立して自信と誇りを持って生きていくことこそ大切です。そのために地元の材料や技術を活用して魅力的な商品を作ってもらい、そうした商品を広く販売することで継続的な自立につなげていく、これが株式会社福市を立ち上げ、Love & Senseというブランドでショップを立ち上げた理由です。

とは言っても、現地での交渉や、品質の管理、販売先の確保とか、また販売にこぎつけても一日の売り上げが二五〇〇円しかない日もあり、最初は大変でした。しかし、ありがたいことに、三越、高島屋、伊勢丹など大手の百貨店の協力を得られたことや、二〇一二年には待望の常設店を大阪の阪急百貨店梅田本店に設けることができたことで、この一〇年で何とか継続できる目途が立ったところです。

今でも、トラブルやハプニングがありますから苦労は絶えません。その度に思い出すのはラボでのキャンプ体験です。キャンプは常に想定外のことと隣り合わせです。マニュアルが通用しにくく様々なハプニングが起こる状況の中で鍛えられ、ポジティブに物事に取り組む思考が身に付いたと思います。またキャンプは、初対面のメンバーとチームビルディングする作業であり、年齢・性別・地域など多様性の宝庫です。テーマ活動で、華やかな主人公をやった子ども、わき役でセリフもない葉っぱの役をやった子ども、シニアメイトとして、そういう子にどう声をかけたらいいかと考えたことなどで、どんな環境でも対応できる力を身に付けたのではないか思います。シニアメイトどうしは短時間でパートナーになり、ラボっ子が到着すると津波のように課題が押し寄せる中で、協力してロッジを作り上げないといけない、そうしたことを何とかやり抜けてきた経験が大きかったと思います。

二〇一一年三月に東日本大震災があった後、私は被災地で EAST LOOP というプロジェクトを立ち上げました。私も阪神淡路大震災で被害を被った一人でもあったことで、被災した人たちの自立を助けたいと思ったからです。震災ですべてを失くした後、あみ針一本でできる仕事を工夫してつくり、日本全国に販売しました。発想はフェアトレードと同じで、支援してくれる人たちからの寄付や施しだけでは自立できないと考えたのです。この時も、途上国と同様に、初対面の東北の人と直かに顔を合わせて手探りで物事を決めていきましたが、ここでもラボでのキャンプ体験が力になりました。

二〇一五年からは京都市と共同で、「イノベーション・キュレーター塾」という持続可能な社会に向けて伴走できる人たちを育てるべく勉強会も始めています。途上国などの若者をみているとチャレンジ精神がありますが、今の日本は、俯瞰的に日本や世界を見ている人が少ないように感じます。また、失敗を恐れてチャレンジできない人も増えていることが心配です。日本にはチャレンジできる環境そのものがなくなってきているようにみえますが、若いうちから国内外で、実践の場で、トライ&エラーする経験を積むことが、その人の人生にとっても、社会にとっても大切なことだと思っています。

旗手啓介さん

旗手啓介（はたて けいすけ）
一九七九年生まれ／神奈川県横浜市／ラボ歴一五年、三歳から一七歳まで。富永パーティ／一橋大学社会学部卒／NHKに入局。現在、報道局社会番組部プロデューサー。

最初にラボっ子になったのは三歳の時で、入ったパーティは千葉県稲毛市にありました。その後、父の転勤で千葉、横浜、長崎、再び横浜と何度かパーティを移りましたが、高校を卒業するまで続けました。入学した大学が一橋大学で、自宅から遠かったので残念ながらやめました。

ライブラリーもよく聞いていましたし、テーマ活動にも取り組みました。セリフはすぐに出てきませんが、話の内容は覚えています。好きだった物語は『きてれつ六勇士』『ピーター・パン』『かんだんこぞう』などです。小学校の頃はお兄さんやお姉さんと一緒になって活動するのが楽しかったし、大きくなってからは、小さい子と一緒にやるのが楽しみでした。ラボのキャンプにもよく参加していました。キャンプは全国から集まってくる多くのラボっ子たちと出会って三泊四日楽しく過ごしますから、お互い初対面どうしの人といい関係を作ることもキャンプで鍛えられたと思います。私にとってラボは唯一続けられた習い事でした。続けることができたのは「やらされる」という感じがなく、ラボの子どもたちで考えていいという、ゆるい感じが好きだったことがあります。テーマ活動も発表の日だけが決まっていて、自分たちが自分たちのペースで、自分たちの責任でやっていくのがよかったです。人前で発表する緊張感もいい刺激でした。今でも発表の時にセリフが出てこない夢を見ます。

ホームステイは中学校二年の時にアメリカのイリノイ州で経験しました。ステイ先の子は私と同じ年齢でしたが、当時、私は辞書を引きながら懸命にしゃべったのを記憶しています。英語が出てこない時はジェスチャーや表情で意志を伝えていましたし、知っている単語を紙に書いてコミュニケーションしました。ステイが終わる頃は何となく慣れてきて、通じるようになって、不思議な感じでした。反抗期の時期に、何とか自分ひとりで英語でコミュニケーションしないといけない状態に置かれたのは貴重な経験でした。

中学校や高校では学校以外に自分の世界を持つことや、いろんな場があることは大事なことです。学校だけだと人間関係の中で行き詰まることがあります。自分にとってラボは貴重な場でした。

大学を卒業してすぐにNHKに入り、ディレクターとして仕事をしてきました。今は大阪本社の報道部でドキュメンタリー番組の制作に関わっています（現在は東京の報道局勤務）。そんな仕事をしながら思うのですが、ラボのいいところは、異年齢の集団で一つの目標に向かって何かを成し遂げるプロジェクトがあるということ。今の自分の仕事も、カメラマンや音声担当者や取材対象の方と一緒に作るものですから、ラボでの経験が生きています。また、ラボの物語は単純な勧善懲悪ではなく、多様性や深みがあります。ドキュメンタリー番組を作るときに、そうした多様性やグレーな部分を見る視点も必要で、そうした視点もラボで学んだと思います。取材の対象になる人にとって、語ることにメリットがないと基本的に番組には出たくないわけですが、そういう人にも話を聞かなければなりません。信頼関係を築き、お話していただかなければならないので、ラボで培ったものがそういう場面でも生きていると思います。

今まで、私は何本かドキュメンタリー番組の制作に取り組んできましたが、今取り組んでいるのは一九九三年の五月に起こった文民警察官の襲撃射殺事件です。今から二〇年以上前にあった事件で、日本が初めてＰＫＯ（国際平和支援活動）に参加したカンボジアで、ポルポト派の襲撃を受け、文民警察隊の五人のうちの一人が射殺された事件です。なぜそういう事件が起こったのか、現場の様子はどうだったのか。肝心なことは襲撃され生き残った元隊員たちは帰国した後も話さなかったし、外務省も総理府（現・内閣府）も調査しなかったこともあって、その後ほとんど報道されずにいました。ところが最近になって、文民警察隊の元隊長が、手記や国際連合や政府に出した報告書などの膨大な資料を私たちに託してくれました。その資料をもとに今取材を進めているところです。近いうちにＮＨＫスペシャル番組として報道する予定です（二〇一六年八月一三日にＮＨＫスペシャルで、一月二六日にＢＳ１スペシャルで報道）。こうした番組を作り、報道したいと思うのは、ラボでの国際交流を通して、世界平和への関心がごく自然に培われたことが原点にあるからだと思っています。

三輪えり花さん

三輪えり花（みわ　えりか）
一九六五年生まれ／東京都府中市／ラボ歴七年、一〇歳から一七歳まで。柴田パーティ／ロンドン大学演劇学部大学院にて修士号取得／劇団昴を経て演出家・俳優として国際的に創作表現活動を続ける。公益社団法人国際演劇協会（ユネスコ傘下）日本センター理事、NPO法人女性とくらしのネットワーク理事長。

私がパーティでラボ活動をしていたのは小学校五年生から高校二年生まででしたが、母がラボのテューターでしたから、家ではずっとライブラリーが流れていました。ほぼ毎日、学校から帰ってきたらラボ・テープ（当時は大きな特製カセットテープだったのです）を聞いていましたし、寝る前も目を閉じて英語を聞いていました。小学校の頃の私は「出たがりのコミュニケーション下手」で、人に笑われるのもイヤでしたし、何かの役を演じるのは苦手な子どもでした。代わりに一人でじっくりお話を聞くのが好きだったのです。『ピーター・パン』『だるまちゃんとかみなりちゃん』『たぬき』『わんぱく大将トム・ソーヤ』『たろうのおでかけ』など楽しんで聞いた物語はいまだに記憶に残っています。国際交流は、中学二年生でアメリカのアイオワ州に行きました。当時のホスト、ローラとは今でもSNSでつながっています。

大学は慶応義塾大学の文学部英米文学専攻でしたが、在学中に交換留学生として一年間、カナダのビクトリア大学演劇科で学びました。特筆すべきは、そこで演劇教育（Theatre in Educatioin［カナダはイギリススペルなので、Theatre です］）の授業を担当していた Juliana Saxton 先生と出会ったことです。彼女のおかげで、ラボ教育やラボ活動に対する私の見方や考え方が大きく変わりました（この件に関しては後述します）。大学三年生の頃は演劇の世界に進もうとは思っていませんでしたが、カナダで演劇教育に感銘を受けたことで「演劇教育を日本に根付かせたい」と思うようになりました。そのためには大学院以上の学位を取得する必要があると考え、大学を卒業してすぐにイギリスに渡り、ロンドン大学演劇学部の大学院にて一年で修士（Master）の学位をいただきました。その後、在英日本大使館の文化情報部でしばらく働いたあと帰国し、シェイクスピア演劇で有名な劇団昴に在籍します。さらに、劇団の勧めもあって文化庁派遣芸術家在外研修員として再び二年間イギリスへ行き、王立演劇学校やロイヤルオペラハウスなどで演技や演出、指導法、オペラの演出などについて研修を受けてきました。

現在は日本をベースに、演劇、オペラ、バレエといった舞台芸術のジャンルを越えて幅広く演出家として仕事をし、ここ数年は俳優としても活動を始めています。そうした仕事と並行して英語の本や台本を翻訳したり、演劇関係の本（『シェイクスピアの演技術』『英国の演技術』など）や脚本を書いたりし、さらに、シェイクスピアの面白さを広くお伝えする活動もしています。また、嬉しいことにラボのライブラリー制作にも関わらせていただき、『ジョン・ギルピンのこっけいなできごと』『はだかのダルシン』『生命の女神ドゥルガ』『ライオンと魔女と大きなたんす』などの演出や翻訳に携わってきました。また、全国のラボを回って子どもたちやテューターのためにテーマ活動のワークショップもしています。

さて、それではなぜ私がラボの魅力に目覚めたのか、それをお話しします。私がラボっ子の時は、ラボ活動の意義やラボ教育の魅力などはよく分かっていませんでした。しかし、ある時、カナダの大学で、自分が演技することになり、どうしていいか分からず、ただ、普通の日本人を演じたら、なんと、ドッと笑われたのです。その笑いは、私がかつて怖れていた、嘲りやバカにした笑いではありませんでした。私は笑いを生み出すことができた、とホッとしました。その時気づいたのです。「人に笑われることと、自分が人を笑わせることは違う」ということを。これが、ラボっ子時代の自分を見直すきっかけになりました。

また、演劇教育の Saxton 先生の授業でやっていることがラボでやっていたこととたくさんの共通点があることにも気づき、そのことを先生にお話ししました。先生は私の話をよく聞いてくださり、そしてこうおっしゃったのです。「あなたが英語の力だけでなく異なるものを受け入れ、コミュニケーションをとる能力に恵まれ、様々な物語を知っているのはラボのお陰なのですね。人とのコミュニケーションで一番大事なことは、自分の背景にある文化と自分自身の物語とを語る力を持っていること、同じように相手のそれを受け入れる許容量を持っていることです」と。尊敬する先生のその言葉を聞いて、日本で汗を流してラボ・パーティのテューターを続けている母に敬意を払いたい気持ちになりました。

私がこれまでの経験や色々な活動を通して考えていることが二点あります。ひとつは「人間には無限の想像力と創造力がある」ということ、もうひとつは「社交力とは言語運用能力であり表現力である」ということです。これは全て俳優訓練で培えるもので、私はそれをもっと広く社会に伝えたいと思っています。普通の人が、今、目の前にいる人と、より良い関係を作る、そのために必要なことを、俳優訓練で学べるのです。ただし、台本に従って自分以外の別の誰かになりきるプロの「演技力」とは異なります。プロ向けの演技の練習ではないという意味を込めて、それを「ライブ・インタラクション」として商標登録しました。コミュニケーションの中でも、相手とのやりとり、相手への返答に着目するのが「インタラクション」です。それを、書簡や録音録画ではなく、相手を目の前にして進行中のライブ状態で行うこと、という意味です。門脇先生の『子どもの社会力』（岩波新書）というご本を読ませていただきましたが、まさにお書きになっている通りで、我が意を得たりと思いました。「行為の交換」こそラボでやっていること、そうしたインタラクション（行為の交換）の積み重ねが社会力を育てるということですね。

私の夢は色々な国籍やジャンルの俳優を集め、お雑煮のように国際色豊かな劇団を組んで世界各国を回ることです。でも、大好きな『ピーター・パン』をあの音楽と物語のままミュージカル仕立てにして、多国籍の俳優を集めて大舞台で上演してみるのも夢のひとつです。その中に大勢のラボっ子が含まれると嬉しいですね。そしてラボっ子たちには「ラボをやっていたから、私、こうして生きていけるんだ」と自信を持って言えるような大人に育ってほしいと思います。

中越典子さん

中越典子（なかごし　のりこ）
一九七九年生まれ／佐賀県佐賀市／ラボ歴九年、五歳から一三歳まで。村田パーティ／女優。

私は姉二人もラボっ子で五歳からラボ・パーティに通っていました。テューターにはわが子のようにしていただきました。先生は怒る時は本当に怖かったけど、他人に本気で怒られる経験は他にはなかったので、先生のことは大好きでした。

私はライブラリーを聞くのがすごく好きで、本（テキスト）はまったく見ないで、毎日、ひたすら耳から聞いていました。耳で聞いて覚えるのはまったく苦ではありませんでした。『ロミオとジュリエット』『ジャックと豆の木』などよく覚えています。

テーマ活動は、幼い頃は年上の子にほとんど甘えて言われるままにやっていました。まずは存分に身体で楽しんでみる。そのうちイメージがどんどん湧いてきてふくらんで、メンバーの一体感も生まれてきます。そうなると、自分たちのテーマ活動に自信を持つようになりました。今思うと、私はあの頃から演技を楽しんでいたんだなと思います。

毎週のパーティは、「ロンドン・ブリッジ」の歌やゲームで身体をほぐして、楽しむことで心をほぐしてからテーマ活動に入っていく流れがあって、緊張しがちな私にはよかったと思います。

また、季節ごとの行事、例えばクリスマスのケーキを皆で作るといった作業を通して、年齢や性別を越えた友だちを作ることも自然に身に付きました。ラボは皆が元気で仲が良く、不思議議で素敵な時間を過ごせるところでした。

テーマ活動では、中学二年の時にラボ・パーティ二五周年記念発表会が東京の日比谷公会堂であり、パーティのみんなと上京して発表しました。『ピノッキオ』のトウシンくんを四人でやりました。ラボのテーマ活動はひとつの役を何人かで担当するけれども、不思議とちゃんとキャラクターが合うんです。あの頃は女優になるとは思っていませんでしたが、今振り返ると、私には幼い時にそのような経験があって、しかもその時は英語で演じていたんですからね。皆でチームとしてひとつのテーマ活動をやるのが一番好きで、他の発表を見るのも好きでした。当時は主役をやるのは苦手でしたが、今は主役をやりたいですね。（笑）

ラボのキャンプにもよく行きました。キャンプではヴァイスキャプテンもやりました。

キャンプファイヤーの「ヴィスタ」が大好きでした。色々思い出してみると、ラボは私の青春の貴重な思い出、素敵な時間でした。ただ残念ながらラボを続けたのは中学二年生までで、ホームステイは経験できなかったのであと一年くらいラボを続けていればよかったです。でも、姉がアメリカから来た子を受け入れたことがあったので、家で子どもながらに寝食を共にするといった経験はしました。

高校は地元の佐賀北高校に入学し、芸術コースで学びました。高校在学中にファッション雑誌「ViVi」のモデルになるという幸運に恵まれ、それがきっかけで一九九九年にテレビ朝日の「天国の Kiss」というドラマで女優としてデビューすることになりました。二〇〇三年にNHKの「こころ」に主演したお陰で、色々な方に知ってもらえるようになり、以後はテレビドラマの他にも映画や舞台での仕事もいただくようになって、二〇一六年からは佐賀市のプロモーション大使も務めさせていただいています。

ラボっ子の時はまったく知らない人とキャンプで出会って、一緒に英語で歌ったり踊ったりしていました。女優になって思うのですが、芝居は、音声さん、衣装さん、小道具さん、プロデューサーさんなどといった色々な分野の人がいて、その人たちが様々な役割をすることで成立するんです。今一緒に働く人に感謝しながら仕事をしようと思うのも、ラボで学んだことだと思います。誰かがいい仕事をし、それを認めることでチーム全体のテンションが上がっていいものができていく。士気が上がると達成感を感じられるというのは、ラボのテーマ活動と同じですね。「社会は色々な人が、色々な役割を果たすことで成り立っている」と思うことは人間として大切なことです。門脇先生の社会力の話を伺いながら改めて、「ああ、私はそれをラボで身に付けたんだ」と思いました。ラボで身に付けたことが私の人格の一部を形成していると思います。なにしろ、毎週、毎週、楽しんでラボに通っていましたから。

また、私は人に興味を持つ方だと思います。それに、初めて会う相手に偏見を持たないよう心掛けています。ラボに入ったお陰でどんな人でも受け入れることができるようになったんだと思います。ラボっ子のいいところはみんな明るい。その中に色々な人がいて、どんな人も受け入れて「皆でひとつになってやっていこう！」っていう場だったように思います。

そのお陰で、旅番組やニューヨーク公演などで海外で仕事をしたことがありますが、海外だからといって抵抗感はなくて、日本と違うことをあまり意識しません。人種などに偏見は持ちませんし、心は通じると思っていますから、どんな国の人とも自然体で過ごせます。ラボでヒアリングの力をつけたことが海外に行くとよく分かります。相手が何を言っているかはある程度理解できるのでヒアリングには自信があります。耳がよくて音がきちんと聞き分けられるということは、日本語での演劇や芝居でも大切なことだと思います。生命のつながりのお話を伺うと、自分自身のことも大切に思えてきます。たったひとつの生命をどう花咲かせ、人生を人として謳歌できるか。それが大切。学力が全てではないと思います。私もこれから母親になるので（二〇一七年五月に男児、二〇一八年一一月に女児を出産）子育てに興味があるんです。子どもには楽しい人生を送ってほしいと思っていますから。

村田直樹さん

村田直樹（むらた　なおき）
一九六四年生まれ／佐賀県／ラボ歴一四年、八歳から二二歳まで。
村田パーティ／佐賀大学医学部医学科卒／武蔵野赤十字病院で臨床研修を始め、東京都立府中病院、東京都立多摩総合医療センター内科・救急診療科医長を経て、現在、聖ヨハネ会桜町病院内科部長。

私が小学校三年生の時に母がラボ・テューターになり、自分の意志とは関係なくラボっ子になりました。最初の村田パーティのラボっ子七人は、私の姉と妹を含め全員知り合いでした。ラボをやめたい時期もありましたが、結果的にはラボが大好きになり、大学生まで続けました。七人から始まった村田パーティも、一〇年後には二〇〇人のパーティになっていました。

パーティは自宅でやっていましたから、初期のライブラリーは全部聞いています。『うみのがくたい』『すてきなワフ家』『ロミオとジュリエット』『わんぱく大将トム・ソーヤ』などがお気に入りでした。でも、小学生の頃はテーマ活動が嫌いでした。姉や妹が一緒だったので人前で演技することが恥ずかしかったのかもしれません。テューターの子どもだったので、主役に抜擢されることはなく、『ロミオとジュリエット』ならマキューシオ、『トム・ソーヤ』ならハックなどの役を当てられました。時にはラボ・テープをほとんど聞かずに発表会でボロボロになり、テューターの母に叩かれたこともありました。それでも、中高生活動では、テーマ活動を創り上げる楽しみを覚え、谷川雁（詩人。ラボ設立時の事務局スタッフ）さんの黒姫学堂（テーマ活動だけを追求する合宿）にも参加して、ラボ・ライブラリーの奥深さを知りました。大人になって改めてラボのライブラリーを聞いて、そのクオリティ（質）の高さに驚きました。物語に魅力があるのはもちろん、ナレーターの声も良く、音楽もオリジナルの曲が生の楽器で演奏されていて素晴らしい。親になって聞いて感動したライブラリーは、私の子どもが心臓の病気で入院して会えなくなった時に聞いた『ロバのシルベスターとまほうの小石』で、わが子がいなくなった時の痛いくらい切ない親の気持ちが描かれていて、気持ちを動かされながら聞きました。

ラボ・キャンプは大好きで、黒姫のラボランドには九州からフェリーに乗って片道二泊三日かけて何度も行きました。飛行機や新幹線を使わない不便な旅でしたが、とても楽しかったです。大学生の時は九州の湯坪キャンプに大学生コーチとして参加して、準備班から撤収班まで約二〇日間、事務局の方や大学生ラボ仲間と寝食を共にして活動しました。安全な登山コースの確認のために何度も九重山に登ったり、シニアメイトとは異なる裏方の仕事をして、キャンプの運営を経験しました。

国際交流では、中学一年生で第一回韓国交流に参加、中学二年ではアメリカのオクラホマ州にホームステイしました。私の祖母は、戦後幼い母や叔父を連れて大変な思いをして朝鮮半島から引き揚げてきた人でしたから、私が韓国に行くことに反対しました。でも、韓国でもアメリカでも、家族として受け入れてくれて、別れる時は涙が涸れるほど泣いてしまうような良い交流ができました。子どもの頃は遠慮なく振る舞え、ホームステイをするのに相応しい時期です。ラボ国際交流の経験から、人と人の関係で分かり合うことを重ねていけば、自分はどんなところに行ってでも生きていけるし、他の国との戦争なんて有り得ないという感覚を持つことができました。そういう感覚を中学生の時に持てたのはありがたいことです。

進路については色々悩みましたが、ラボで育った経験から人間相手の仕事がしたいと思い、二浪して国立大学の医学部に進みました。先輩ラボ仲間、九州のラボ・テューター、事務局の方など、親以外の大人と話すことで随分と助けられました。もちろん研究より臨床医を選び、将来は僻地や離島の診療所で働きたいと思い、大学の医局には入局せずに一般病院で患者を総合的、全人的に診る研修を受けて救急総合内科医になりました。東京都立府中病院（現・東京都立多摩総合医療センター）では東京ER（救急総合診療科）を立ち上げ、子どもからお年寄りまでを総合診療医として診療しました。平成一六年度からの新臨床研修医制度では全ての医師が救急の初期対応ができるようになることが義務づけられたため、多くの研修医がERで研修を受けるようになり、次々に新しいことを立ち上げる仕事をしましたが、それにはラボの経験（シニアメイトや大学生コーチの）が生かされていたと思います。いろんな医師を見てきましたが、自分の専門・研究以外に興味がない人もいて、そういう人のERでの診療はクレームにつながることが多く、大変でした。専門性の高い医師、手術が好きな医師など、いろんなタイプの医者がいてもいいとは思いますが、患者さんという人間相手の仕事なので、一つの臓器だけでなく患者さんの全体を診るように後進を指導してきました。私が一緒に仕事をするとしたら、人が好きで誰とも仲良く一緒にできるラボっ子のような経験をしてきた人がいいいですね。

私には三人の息子がいますが、三人ともラボっ子で、大学生までラボを続けています。嫌ならいつでもラボをやめていいと言っていたのですが、三人ともやめずに続けました。私はラボをやめたい時期があったのですが、母がやめさせてくれませんでした。でも、やめないでよかったと思っています。小学生でやめて、国際交流や中高生活動、シニアメイト、大学生コーチの経験がなかったら、私の人生は大きく変わっていたでしょう。ラボのせいかどうかは分かりませんが、三人とも私にろくに相談もなく、自分の道を歩み始めています。長男は情報工学の道に進み、次男は医学生、三男は獣医学生として大学で学んでいます。自分の経験と子どもたちの成長をみて、特に中高生の多感な時期にラボで家庭や学校では味わえない経験をすることは、人間として逞しくしてくれるのだと思います。ラボっ子の親御さんには、中学受験とか高校受験といったことでラボをやめさせないで、ぜひ中高生活動、国際交流、シニアメイトの経験をさせてあげてくださいと声を大にして言いたいです。余談ですが、これもラボのお陰か、三人とも大学の入学試験では英語で苦労することはなかったようです。

私は、今、聖ヨハネ会桜町病院というカトリックの病院で地域医療を行っています。医療従事者だけでなく、介護士、ケアマネージャー、ソーシャルワーカー、そしてシスターたちと、地域の高齢者をどう支えていくかというテーマに取り組んでいます。長生きして、皆がよかったねと思える社会、長生きしている人が「ご迷惑」などと言われて気後れしない社会、それはきっと豊かな社会であり、そういうものを作れればいいなと思いながら仕事をしております。そして、この先、おそらく末の息子が大学を卒業して巣立った暁には、離島、僻地の医療にチャレンジしたいと考えています。人生後半に来てこんな夢を語れるのもラボのお陰かなと思っています。

米田実礼さん

米田実礼（よねだ みれい）（旧姓 杉山）
一九七六年生まれ／神奈川県箱根町／ラボ歴一六年、五歳から二二歳まで。長谷川智子パーティ／鎌倉女子大学児童学科卒／公立保育園、公立幼稚園で勤務後、現在は、さいたま市内の認可保育園、保育士。

ラボ・パーティに入ったのは五歳からで、大学を卒業するまで続けました。箱根でパーティに入れていただいたのですが、入った時のテューターが途中でやめてしまったので御殿場のテューターが箱根まで通ってきてくれました。箱根は小さな町で子どもが少なかったこと、中学・高校では自分を出し切れずにいたので、ラボは自分が一番楽しくいられる居場所でした。でも、昔、テューターが書いてくれた記録を見ていたら、「好きな物語がひとつでもできるといいですね」と書いてありました。昔はよっぽどお話を聞かないラボっ子だったんですね。模範的なラボっ子ではなかったということです。中学生の頃は反抗期だったこともありますが、テューターは私のことをよく受け止めてくれました。今でもテューターには時には親以上に相談させてもらっています（パーティは他の色々な子と関わるのが魅力で通っていました）。

小学校三年生で初めてキャンプに参加した時は、ホームシックで泣いていましたが、翌年四年生で行った黒姫キャンプでは、仲良しの友だちができて、文通するようになりました。その頃からキャンプが好きになりました。高校に入ってからシニアメイトをやるようになって、ソングバードやお話も「しっかり聞かねば」と思うようになり、ライブラリーも真剣に聞くようになりました。支部や地区の仲間とテーマ活動もよくやりましたが、正直セリフはなかなか覚えられない方でした。でも、そのころ覚えたソングバードは今でも歌えます。大学二年生で取り組んだのが『森の魔女バーバ・ヤガー』で初めて主役のマーシャをやりました。それがうまくいってから自信がつきました。大学生になってコーチ活動をやるか躊躇していたのですが、このことがきっかけで三年生からはコーチ活動も始めました。

国際交流は外国でホームステイする自信がなくて、参加を伸ばして中学三年生の時にアメリカのイリノイ州に行きました。参加する気持ちになったのは、キャンプで仲良くなった友だちが参加をし、その話を聞いたからです。英語が分からず私もホストのベッキーも苦労しましたが、ホームステイそのものはそれなりに楽しめてよかったと思います。その翌年、今度はベッキーが日本に来ました。その夏の一か月も楽しかったのですが、その後の文通は途切れがちになり、今は連絡が取れていないのが残念です。

大学を卒業して、公立の保育園、幼稚園で勤務した後、今は私立認可保育園で保育士をしています。保育園で仕事をするといっても、ただ子どもと遊んでいればいいのではなく、職場では年齢も仕事も違う様々な人と関わりますから、私にはラボで人と関わる力がついていることを実感します。子どもや職員、そして保護者にも物怖じしないで声を掛けられますし、相手の気持ちも分かります。ラボっ子の時は「なぜテーマ活動をするのか」をあまり考えたことがありませんでしたが、色々な人の気持ちになれる場だったのだと今は理解できます。登場人物がなぜこういうことを言うのか、その時の気持ちがどうだったのかなどということを皆で考え、それを自分たちで表現することがテーマ活動のおもしろさだったことが、仕事を始めて一、二年たった頃から分かるようになりました。以前、幼稚園に勤めていた時に、併設の小学校と協力して「絵本を通じてコミュニケーション能力を高めるには」というテーマで共同研究をやりました。その中で、他の共同研究者が「劇遊びで他者の気持ちになって表現することが大事ね」と言ったのを聞いて、改めて「ラボだ！」と思いました。私が仕事で子どもたちと劇遊びをする時、ライブラリーにもあるお話を取り入れることがよくあります。自分自身がテーマ活動を経験し、お話を深められたことが子どもたちと楽しく劇遊びをすることにつながっていると思います。

それから自分の置かれている状況を考え、自ら分析する力も身に付いたと思います。キャンプや国際交流などの活動を通して、自分のしたいこと、気持ちや思いなどをノートに書いて整理したり、自分自身を見つめ直したりしてきたことが、そうした力をつけてくれたのでしょう。自分が意見を言って、自分とは違う考えが返ってくることも学びになりました。大学生コーチで一緒だったメンバーとはキャンプを通してお互いの考えをぶつけ合える関係でしたので、今でも家族ぐるみの付き合いをしています。

二人の息子も、今、ラボに入っていて、車に乗るときにはＣＤをかけているので、今の方がよっぽどライブラリーを聞いています。今になって英語を意識的に聞いている気がします。私、英語が嫌いではなかったんですね。門脇先生の社会力の本も大人になって読みました。

岩崎桂以子さん

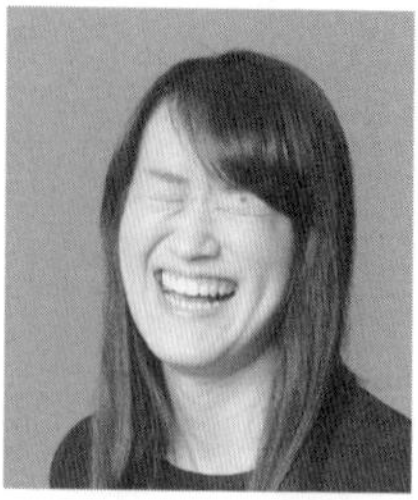

岩崎桂以子（いわさき けいこ）
一九八七年生まれ／福島県郡山市／ラボ歴一〇年、九歳から一八歳まで。山ノ井パーティ／塾講師の後、株式会社インターネットへ入社。進学カウンセラーとして活動中。

母の友人のお子さんがラボっ子だったご縁があり、私も小学校三年生の時にラボ・パーティに行くようになりました。途中色々ありましたが、テューターがよかったからでしょうか、パーティの居心地がよくて、ラボだけは高校を卒業するまで続けることができました。ライブラリーもよく聞いていました。

発表会は年に二、三回ありましたが、私が部活動で忙しくしていたこともあり、テーマ活動ではテューターが配慮してくださり、主に脇役をやらせてもらいました。『きょうはみんなでクマがりだ』は今でもセリフをほとんど覚えています。小学校の高学年では『ロミオとジュリエット』でジュリエットの役をやらせてもらいました。セリフは覚えていませんが、大変ながらも頑張った記憶が強く残っています。テーマ活動は、リラックスして楽しんで取り組んだ時の方がよく覚えています。テーマ活動では、人物だけでなく、川や山などの自然や建物などをどう表現し、場面をどのように伝えていくかも本気で議論していました。誰かの言う川と他の子が言う川はまったく違うのですが、本気になって議論し、表現することで、リアルな川を表現することができました。登場人物については、グループの仲間で心象まで考えて表現するように頑張ったのを覚えています。また、私はフォークソングが好きでしたし、ナーサリー・ライムのハンプティ・ダンプティは特に好きでした。絵がとても印象的で心に残っています。

中学時代は部活動が多忙だったため、キャンプや国際交流への参加ができませんでした。特に国際交流は入会時より楽しみにしていたため、泣く泣く断念したのを覚えています。高校時代は私の人生の中で少し大変な時期でした。地元の進学校に入学したのですが、みんな〝良い大学〟に入ろうと必死になって〝受験のための〟勉強ばかりやっていることに疑問を持ち、不登校になりました。今考えると、不登校と言うより登校拒否でした。ただ、先生方には幸いにも好いていただけて、親友と呼べる友人もいたので楽しい行事には参加していました。そして、ラボは不思議と辞めることなく続けていました。

何とか高校を卒業して専門学校に入り、その後、短期大学に入学しました。短期大学生の時は塾で教えていたのですが、そのうちやはりもっと学んで、しっかりと知識を身に付け、様々な経験をしたいと思うようになり、アメリカのワシントンＤＣへ一年間留学しました。

帰国して一年ほどはカウンセラーの見習いのようなことをしながら自分で相談業のようなことを始めたのですが、今勤務している株式会社インターネットの社長に出会って、「あなたは他人《ひと》の話を聞くのに向いていますね。うちの会社で働きませんか」と評価してくださり、誘っていただいたことが嬉しくて入社しました。この会社の留学部門で「進学カウンセラー」として、留学を希望する中学生や高校生本人と会って相談を受けたり、保護者に説明したりする仕事をしています。もちろん留学することになったら留学先を世話したり、手続きを手伝ったりもしています。

私は、ラボっ子の頃から年齢に関係なく会話するのが好きでしたし、塾で働いていた時も生徒や保護者と話すのが好きでした。悩んでいる人と一緒に悩み、解決策を探る今の仕事は向いていると思います。最近も高校生をアメリカへ送り出しました。日本を飛び出してホストファミリーと生活をして、「世界が広がりました。自分が何をしたいか再認識できました。自分の目標が見つかりました」と知らせてくれました。私が高校時代にした少し大変な思いや、ラボを通して経験したことを踏まえ、中学生や高校生に、「一人ひとり、様々な考え方があって当然であり、それぞれに思いを持つことが大切です。そして、何より自分を信じて楽しんで取り組んでいれば良い結果につながります」と、自分主体の学びに切り替える視点を持ってもらえるように伝え、支援していきたいと思っています。今いる環境に馴染めない時や歯痒さを感じている時こそ、一歩踏み出すことで新しい世界がいくらでも広がるということを、一人でも多くの方へ伝えていきたいと思っています。

神山典士さん

神山典士（こうやま　のりお）
一九六〇年生まれ／埼玉県出身／ラボ歴九年、一〇歳から二二歳まで。繁田パーティ／信州大学人文学部卒／ノンフィクション作家。

ラボ・パーティには小学校五年の時に入りました。高校生の時、一時抜けていましたが大学時代もパーティには入っていました。『ぐりとぐらのおきゃくさま』『うみのがくたい』『ぐるんぱのようちえん』『ありときりぎりす』などは、今でもよく覚えています。一九七一年だと思いますが黒姫の第一回目のサマーキャンプに参加しました。以来、合宿生活やホームステイなどが大好きになりました。私は同じ多摩地区の仲間と一緒になってティーンズクラブというグループを作り、自主的にテーマ活動の発表会を企画、運営したり、独自に合宿活動をしていました。ティーンズクラブのメンバーは出入りもありましたから正確には分かりませんが、四〇名か五〇名はいたと思います。そんなことも含めて、私の中学時代は自主的に活動することの大切さやその意義に目覚めた時代と言えます。ラボで様々な自由な活動を経験していたことが影響していたのかもしれません。中学校でも生徒会活動を熱心にやって、新しく文化祭や後夜祭を実行しました。三年生の時には生徒会長の選挙に立候補して当選し、会長もやりました。生徒のそういった自主的活動をよく理解し、サポートしてくれた先生がいたことにも力づけられました。

ラボのホームステイは中学二年の夏休みに参加しました。アメリカのネブラスカ州の酪農家の家に行ったのですが、ホストファミリーの同年代の中学生の、お金の使い方が私たちとはまったく違うことを知ってびっくりしました。その子は自分で世話をして育てた牛を、競りにかけ、売ったお金を自分の稼ぎにして使っていたわけです。アメリカの子どもは十代の前半で自立していることを知りびっくりしました。そのことを帰国してから作文に書いて中学校で発表しました。自分が知った新しい事実を文章にして他の人に伝えるというのはジャーナリストの原点ですから、ノンフィクション作家として私のルーツはそこにあったとも言えます。同時に、ホームステイで自立することの大事さに気づいたことも、帰国してからの私の行動に影響したことも間違いないと思います。こうした異国での体験が異国の人たちや異文化への関心を高めることになったと思いますし、ラボ・パーティやラボ・キャンプやティーンズクラブなどで出会った大勢のラボっ子たちと、異年齢集団で活動した体験が、多様な他者への関心を強めていくことになったのかなとも思います。

大学は信州大学文学部で心理学を勉強しました。卒業後三年間、テレビ情報誌の編集プロダクションに勤めた後、一九八七年にフリーランスとして仕事を始めました。ドキュメンタリーの書き手、あるいはノンフィクション作家として仕事を始めてから、取材の対象にしてきた人たちは、例えば、世界を股にかけて戦った格闘家、異国から来て日本のホテルでシェフになった料理人、盲目のピアニスト、義手のバイオリニスト、といった人たちです。どの人も異能異才の持ち主とも言えますが、私としては私の好奇心を抑え難い人たち、その人のことをどうしても「知りたい」「分かりたい」と強く思う人たちということになります。人間への関心が殊の外強いのかもしれません。これもラボの影響でしょうか。

私は今ノンフィクション作家としての仕事と並行して、子どもたちを対象にした「作文教室」と、大人たちを対象にした「エッセイ講座」「自分史文章講座」をやっています。特に、今でも異年齢の子どもたちと一緒に過ごすのが好きで、合宿形式の作文教室をやる時は、できるだけホームステイを含めることにしています。また、南米のアマゾンで人に取材をお願いした時も、その方のお宅にホームステイさせていただきました。その方がいい取材ができますから。自分のこれまでの経験から、暮らしの現場で生活を共にすることが人間や文化を理解するためには欠かせないことだという考えが強いからでしょう。

最近の仕事のひとつに葛飾北斎についてまとめた本『知られざる北斎』（幻冬社）があ

ります。異能の画家北斎がなぜ、今、世界的に注目され高い評価を得ているのかを探った仕事で、フランス、イギリス、オランダなどを回り、日本では長野県小布施町や東京の墨田区での取材を重ね、足掛け三年かけてまとめたものです。結論はと言えば、資本主義あるいは近代の産業社会が終末期を迎えつつある今日、資本主義を支えてきた独占とか、支配とか、搾取とか、異質の排除といった近代の価値観から、共生、共感、共存、認め合い、異質や多様性の容認といった東洋的な新しい価値観への転換を、現代人が求めていることにあるのではないかと考えています。こうした新しい価値観は、まさにラボの教育が最初から目指してきた価値観だったわけで、これからの教育はまさにこうした考え方や価値観に基づく教育でないといけないことを教えてくれているのではないでしょうか。私は、十代の私の感性がラボの教育で揺さぶられたことは間違いないと思っています。ラボっ子でよかったと改めて思います。

第四章　ラボっ子ＯＢ・ＯＧたちの特性

前章では、ラボ・パーティに入会し、乳幼児期から青春期まで、様々なラボ活動を経験して過ごされた元ラボっ子たち（ラボっ子ＯＢ・ＯＧたち）二一人の現在について、直接お会いしてお聞きしたことを中心に報告しました。インタビューに応じてくださった方々の年齢は最も若い方が一九八七年に生まれた三三歳で、最高齢が一九六〇年生まれの五九歳でした。四〇歳代が七名、五〇歳代が一一人ですので、わが国の高度成長期に生まれ育ち、実社会で様々に活躍されてこられた方々と言っていいでしょう。活躍されている分野は前の章でお読みいただいたように、団体職員、会社員、会社社長、音楽家、俳優、医師、大学教授、写真家、演出家、保育士と極めて多様、フリーランサーとして活躍されている方も三人いらっしゃいます。このように広い分野で様々に活躍されておられる方々ですが、すでにお気づきのように二一人の方々にはいくつかの共通した特性が見られます。私は、こうした特性こそラボ教育メソッドのよき教育効果であろうと理解しております。

そこで、本章では、ラボっ子ＯＢ・ＯＧたちの証言、あるいは自己評価から明らかになったラボっ子たちの特性、あるいはラボ教育メソッドによって培われたであろう能力の特性を整理し、若干の解説をしておきたいと思います。

ラボっ子OB・OGたちに見られる特性がインタビューに応じてくださった全員に等しく見られるわけではなく、個々人によって高低や濃淡があるのは言うまでもありません。しかし、そうした凹凸があるにも拘わらず、どの人にも共通に見られる特性として整理すると次にあげる二五の特性に整理できるように思います。以下、箇条書き風に書き連ねてみます。なお、①から⑳までは、すでに『ラボ言語教育総合研究所報』の第2号（ラボ教育センター、二〇一六年六月刊）に掲載していたことですが、二一人全員のインタビューを終えた時点で改めて五つの項目を付け加えましたので、合わせて二五項目になります。

① 人好きであること。人慣れしていること。他者への関心が高いこと。
② 他の人に対して無警戒であること。他者に対して開放的（オープン）であること。
③ 誰に対しても自分の考えや意見を率直に言えること。
④ 他の人の言うことをよく（素直に、憶測や邪心なく）聞けること。
⑤ 他の人の主張を分け隔てなく（素直に、憶測や下心なく）聞けること。
⑥ 権威や権力に頓着しないこと。他者を分け隔てしないこと。

⑦物事に楽観的であり前向きであること。
⑧物語を通して人間への好奇心を高めていること。他者への共感能力が高いこと。
⑨物語の世界に没入する体験を通して、具体的な状況の中での人間としての振る舞い方（行動の仕方や考え方や判断の仕方など）について理解を深めていること。
⑩物語を通して人間一般に対して愛着や信頼感を高めていること。
⑪多くの物語に通ずることで人間が多様であることの認識ができていること。
⑫異年齢集団でのテーマ活動を体験する過程で自分以外の人間の見方や人物への解釈が多様であることを知り、人間理解の幅を広げていること。
⑬テーマ活動を成功させるために様々に工夫する体験を通して、応用力が育っていること。
⑭テーマ活動の過程で多くの他者と意見交換することで、他者とコミュニケーションする能力を高めていること。
⑮リーダーシップがあること。集団をまとめ、意見を集約する力があること。
⑯異言語・異文化の人間に対する偏見が払拭されていること。
⑰異国でホームステイしたり、国内でのキャンプに参加する経験によって、異なる環境への適応力が高いこと。

⑱ 自分が知らない世界や物事に対する好奇心が旺盛なこと。
⑲ 早くから英語を繰り返し聞く経験をすることで、英語に対する親近感や聞く力を培っていること。
⑳ 英語と同時に日本語を聞くことで日本語への興味や愛着を育てていること。
㉑ 社会に貢献しようとする意識や弱者のためになることをやってあげようとする意識が高いこと。
㉒ 地球全体を見る視野や人類社会全体を考える視点を備えていること。
㉓ 自由であること、拘束されないことを喜びとする心性が培われていること。
㉔ 他者と協力して物事を成し遂げることを喜びとする心性があること。
㉕ 世界の平和を願い求める気持ちが強いこと。

項目間に多少の重なりがありますが、私の見方を私なりに整理して言葉にすると右のような二五項目になります。どれも好ましい特性と言えますが、このような特性となって表面化する根底には、例えば、社会力とか人間認識能力と呼べるようないくつかの「能力」が培われているからだと考えることもできます。そこで、ラボっ子たちの中で培われているであろう能力について、私なりの考えを整理し解説してみることにしたいと思います。

ラボで育つ八つの能力

ラボっ子たちが培い、育てている能力とはどんなものか。ここでは、次の八つの能力を想定しています。

（1）社会力、（2）人間認識能力、（3）異質（多様性）許容能力、（4）状況適応能力、（5）英語運用能力、（6）他者協働能力、（7）社会貢献能力、（8）意見表明能力　の八つです。

以下、それぞれについて説明していくことにしましょう。

（1）社会力

ラボっ子OB・OGたちはもちろんですが、ラボの様々な活動を通してラボっ子たちが育てているのは、基本的には、私が二〇年以上も前から提唱してきた「社会力」と言っていいでしょう。では、社会力とはどのような能力か。端的に言えば、「人が人とつながって社会をつくる力」と説明できます。もう少し踏み込んで説明すれば、誰とでもいい関係をつくることを心掛けながら、よりよい社会をつくろうという意識を持ち、どうすればよりよい社会をつくることができるかを考え、考えた案をどうすれば実現できるかも考え、それを実行に移すことができる能力を備えていることだと言えます。今ある社会を健全な形で維持することに力を尽くしながら、こうすればもっとよい社会にすることができると

様々な人と交流することで育つ社会力

考え、そのためにどうすればいいかを具体的に考えて実行に移すことができる能力と言うこともできます。このような力を備えた人間のことを私は「社会力豊かな人間」であると言ってきました（例えば『大人になったピーター・パン』18〜19頁、アートデイズ）。そして、こうした意味での社会力のおおもと（原基あるいは根本）は、まずもって他者に強い関心があることであり、愛着心があることであり、信頼感があることだとも言ってきました。ラボっ子たちは、パーティに入会した時から年齢の異なる多くの人たちと出会い、関わり、キャンプではさらに大勢のラボっ子と一緒になって合宿生活をし、ホームステイでは異国の人たちとも出会い、交流する体験を重ねます。こうした様々な人たち（その中にはさらに大事なテューターをはじめ多くの大人たちも含まれています）と活動と交流を重ねることで、ごく自然に社会力を培い育てることになると言えます。最近は、社会のあちこちでコミュニケーション能力が大事だと言われますが、そのコミュニケーション能力も、まずもって他者への関心があってこその能力です。ラボっ子たちの諸々の特性は、この社会力がベース（根本）にあっての「よさ」であり、「好ましさ」であることを再認識する必要があるということを強調しておきたいと思います。

（2）人間認識能力

ここでいう人間認識能力とは、人間についての認識、すなわち人間とはいかなる生き物なのか、いかなる存在なのかについて大方のイメージを持っているということです。もっと言えば、人という生物は、一般的に、どういう状況ではどのようなことを考え、どういう行動を取るかということについて理解できているということです。その上で、人によっては異なる行動をしたり、異なった考えをしたりすることもあることも併せて分かっているということです。このように、人間について認識ができているので、人間に対して信頼感を持つことができ、初対面の人に対しても安心感を持って接することができ、さらには

人間とはいかなる生き物でいかなる存在なのかを知る

異国や異文化圏の人たちに対しても寛容であり許容度も高いのだと言えます。

では、なぜラボっ子の人間認識能力が高いのか。考えられる一つ目は、物語の世界に通じることで人間一般についての具体的なイメージを形作ることができているからだと言えます。二つ目は、ラボのパーティやキャンプやテーマ活動などで様々な人たちと出会い、行動を共にする経験を積んでいるからであると考えられます。

こうした能力が育っているからこそ、ラボっ子は人慣れしており人好きであり、異国の人も含め誰に対しても偏見なく、むしろ好意をもって接することができるのだと考えていいでしょう。

異なるものを認め、受け入れる

（3）異質許容能力

三つ目の異質許容能力とは「多様性容認力」と言ってもいいかもしれません。要するに、このように呼べる能力とは、文字通り、異なる言語や、異なる文化や、異なる人種や、異なる民族や、異なる宗教の人たちを、偏見や差別意識を持つことなく、素直に受け入れることができる資質能力のことです。この地球の上には様々な人間がそれぞれの文化を持ち、それぞれの暮らしを営んで生きていますが、ラボっ子たちには、その当たり前のことを当たり前のこととして素直に受け入れることができる資質が備わっていると考えていいでしょう。人間は一人として同じではありません。そうした人間の多様性を当然のこととして受け止め、受け入れる能力を備えていると言うこともできます。

なぜラボっ子たちにこのような資質ないし能力が育つのでしょうか。一つには、ラボ・ライブラリーの物語の世界を知ることで、人間は、大昔の時代から色々なところで、色々な人たちが、色々なことをして生きていたことを知ることができているということがあります。二つ目は、言うまでもないことですが、日本とは異なる文化のもとで暮らす外国の人たちと、実際に寝食を共にするというホームステイを体験することで、異人種や異文化に対する見方や理解を、自分自身の目や身体を通してごく自然に変えることができたということが大きく作用していると言えます。

（4）状況適応能力

状況適応能力とは、生活する空間の変化にしろ、置かれた状況の突然の変化にしろ、その時自分が置かれた状況に応じて自分がどう行動したらいいかを考えて適切に対応できる能力のことです。その時その時の状況に応じた行動判断能力と言うこともできます。

どうしてラボっ子たちがこうした能力を身に付けることができたかを考えると、まずはラボ・キャンプで、初めて一緒になる大勢のラボっ子たちとの共同生活体験があります。

自分で判断し行動する力が育つラボ・キャンプ

キャンプでのグループ行動や同じ宿舎（ロッジ）での三泊四日の合宿生活にシナリオはありません。何がどう動くか、何をどうするかは、シニアメイトの指示はあるものの、基本的には自分が考え、判断し、適切に行動する必要があります。

またグループ全体としてはひとつの目的を成し遂げるという目的もありますし、その過程ではどんなハプニングがあるかも分かりません。こうした状況の中で適切に行動するためには、その時その時の状況を判断して行動することが求められます。数回にわたるこうした体験がラボっ子たちの状況適応能力を育て、鍛えることになったと見てよいと考えます。

加えて、テーマ活動の発表会に向けて全体としてどう行動したらいいかを判断し、見通しを立て、適切に行動していくという経験もありますし、外国でのホームステイでは、慣れない環境の中で不自由な言葉を使って生活するという経験もします。こうした経験が自ずとこのような状況適応能力を育てていると言うことができましょう。

(5) 英語運用能力

幼少期から英語の音声を聞き、英語でセリフを言うという「トレーニング」をしているわけですから、英語を上手に話せるようになるのは当たり前と考えがちですが、ここでいう英語運用能力はそれだけではありません。流暢な英語を駆使できるということだけではなく、たとえ不十分な英語であっても、それを使ってきっちりコミュニケーションできる能力のことを言っています。私は、こうした英語能力を修羅場に強い英語とも言っています。いざとなったら、英語という言葉だけでなく、身振り手振りはもちろん、辞書を持ち出したり、日本語を交えて話したり、時には自分で即興で作った英語を使ったりしながらコミュニケーションを成り立たせる能力のことです。

こう言ったからといって、ラボっ子たちが流暢な英語を使えないというわけではまったくありません。ラボっ子OB・OGたちの証言(インタビュー)にもあるように、英語を

英語でコミュニケーションできる能力を育む

話す国で数年間重要な仕事をしてきた人もいますし、今も仕事をしている人もいます。また、通訳をしたり、英語で講演をしたり、中には外国映画の世界で役者として活躍している人もいます。そのことを承知で言っているのですが、ラボっ子たちはおしなべて英語の運用能力に長けていると言っていいと思います。社会でどんな局面に遭遇しても、コミュニケーションを成り立たせる能力を持っているということです。ラボっ子たちにこうした能力が育つのは、ライブラリーを何度も繰り返し聞くことで英語への親近感を募らせ、「英語の絶対音感」といったものを育てているからと言えます。そのことは同時に、自分

他者と協働する力をキャンプなどで自然に身に付ける

の人生を豊かにするために英語を習得しないといけないと考え、本格的に英語をマスターしようとした時、滋味の豊かな土壌（基礎能力）となって活きてくるのだと言えます。

（6）他者協働能力

他者協働能力としましたが、分かりやすく言えば、様々な他者と一緒になり、協力して物事を成し遂げることができる能力であり、そうすることを喜びとする心性のことです。この能力も人間認識能力と同じように社会力の一端とも言えますが、今どき貴重な能力になっていることでもあり、独立した能力としました。ラボっ子たちがこうした能力を培うことになるのは、やはり第一には、テーマ活動に一緒に取り組み、成功させるという経験を何回もしたことによるものと考えます。その過程で皆が自分のアイディアや考えを出し合い、皆の合意を取りながら表現を工夫して発表にこぎつけるということを繰り返し、終わった時点では達成を喜ぶと同時に結果を振り返り、次の機会につなげるという経験を何度もしたことが、異年齢集団であるがゆえに、一層多様な他者との力や知恵を合わせて事を成し遂げることを喜ぶ気持ちを強くするのであろうと思います。

（7）社会貢献能力

ラボっ子OB・OGたちのインタビューの中で、私は何人もの人に社会のためになることをしたいとか、自分ができることをやることで世の中の弱者たち、あるいは恵まれていない境遇にある人たちのためになることをやりたいという気持ちを聞きました。自分が今頑張っていることは、自分のためだけにやっているのではなく、社会をよくするために役立つと思ってやっていますとか、震災で被害を被り困っている人や、途上国の恵まれない人たちに役に立ちたいからやっていますとか、もっと広く世界の平和のために貢献したいと思ってやっています、という気持ちの表明です。ラボっ子の少なくない人たちがどうしてこういう気持ちを持つようになったのか自分なりに考えてみました。そして出した結論はといえば、社会貢献や弱者支援という考え方や理念は、ラボ教育センターが当初から意図していたことだったからということです。

元を質せば、ラボ教育センターが企業として現在の業務を考えた時点から、到来する国際社会の中で社会の一員として健全に生きていけるような人間を育てること、もっと言えば、よりよい社会を作ることに参画できる人間を育てることを目的にしていたことに由来しているのだろうということです。さらに言えば、このような理念に共鳴してテューターになられた方々が折に触れ、ラボっ子たちへの期待を込めてそうした理念を話していたからでもあったのではないかと思います。さらに付け加えれば、ラボっ子なら国際交流の事前活動やライブラリーを通して知っているジョン万次郎こと、中浜万次郎の影響も大きかったのであろうと思います。漂流中にホイットフィールド船長に命を助けられた上に、異国で教育まで受けさせてもらい、成長できたご恩をどうして返したらいいかを考えた万次郎が辿り着いた結論が、「このご恩はホイットフィールド船長個人に返すのではなく、他の人たち、つまり世界中にいる隣人たちに返すのが一番いい」と考えた話です。それに少なからず共感して聞いていたことも、ラボっ子たちに社会貢献意識や弱者支援意識を育むことになったのではないかと考えていいように思います。

自分の考えを自由に伝える様々なラボ活動

（8）意見表明能力

最後にあげた意見表明能力とは、文字通り、誰に対しても臆することなく、はっきりと自分の考えや意見を言葉にして伝えることができる能力のことです。自分の言葉と身体で表現する力を培うことになったのは、パーティやキャンプなどでテーマ活動に取り組んだ経験が大きいと言えます。テーマ活動は物語に出てくる人物たちが口にするセリフを自分も同じように口にしながら、どういう動きをしたらいいかを考えて表現することがポイントになります。この時、ラボっ子たちは異年齢集団の中で「こうしたらいい」「いや、こう動きたい」と自分の考えをどんどん発言するのが常です。このような経験を重ねることで、ごく自然に他者と意見を交換することが当たり前のことになったのだと言えます。自分の意見を率直に言えるのは、他の人の言うことも素直に聞き受け入れることもできる能力が身に付いていることでもありますから、意見表明能力は意見受容能力でもあることを付け加えておきます。

右の通り本章では、ラボっ子OB・OGたちに見られた特性を整理し、若干の解説を加えてきました。私が見るに、ここであげた特性や能力や資質はすべて好ましくもあり、望ましい特性であると思います。とりわけ、現在、多くの難問難題を抱え、先行き不透明な局面にある人類社会のこれからを考えた時、ラボっ子たちが身に付けている社会力をベースにした資質能力は、これからの人類社会をよりよい社会にしていくために絶対に必要であり、必要とされる資質であり、能力であると言えます。そこで、次の章では、これからの社会で極めて大事になる社会力について話をすることにしますが、その前に、二つのことを言い添えておくことにします。

まず一つ目は、本章で整理してきたようなラボっ子たちに見られる好ましい資質や能力は、ラボっ子たち一人ひとりの様々な体験や努力の賜物であることは当然のことながら、

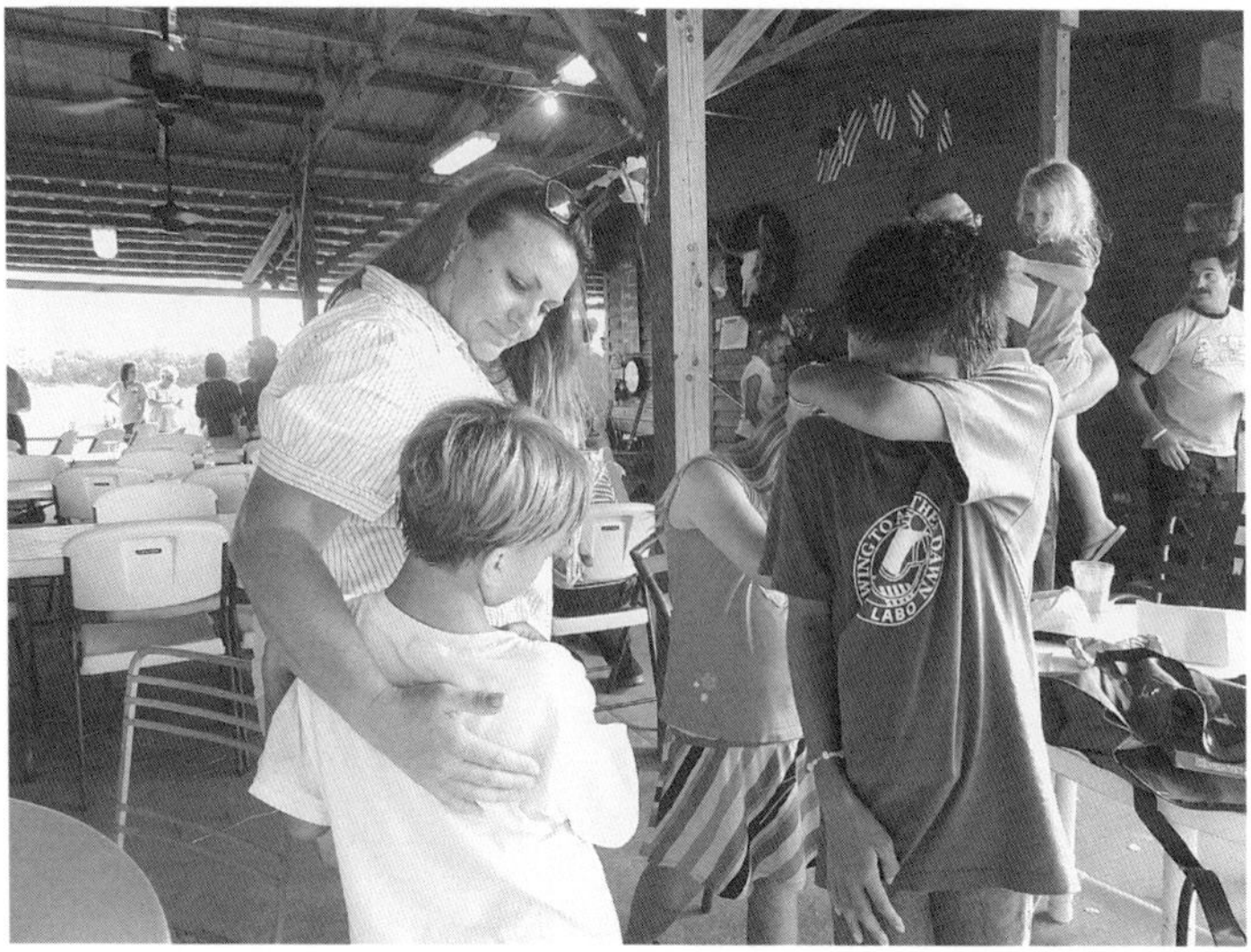

十代で経験するものは一生の宝物となって残る

その陰に指導者であるラボ・テューターの意図しての目に見える形の指示や指導、あるいは目には見えないラボっ子一人ひとりに対する心配りや細やかな配慮があったことは間違いないということです。テューターによるこのような献身的で労を厭わぬ努力があったであろうことを忘れてはならないということです。

あと一つは、村田栄一さんの忠告あるいは添え言です。村田さんは私が尊敬する教育者のひとりですが、一九八〇年頃からラボ教育センターと関係を持つようになり、講演会でテューターやラボっ子たちに話をしたり、ラボ・パーティの現場やテーマ活動の発表会に出向いたりして、ラボの教育の価値を高く評価しておられた教育者です。その村田さんは、ラボ・パーティ三〇周年記念事業の一つとして、『ことばが子どもの未来をひらく』（筑摩書房）という本をまとめていますが、その本の一九八頁にこう書いております。

「ラボを経験することによって、こういう人間が育つということは、そう簡単には言えない。『こう教えたからこう育つ』というわけのものではない。人間はさまざまな経験や刺激を取捨選択しながら、自分の意志で人生を開いて行くものだから、即断は慎もう。しかし、（ラボっ子ＯＢ・ＯＧたちには）受験競争のための塾通いとは異質の時間を持ったことを肯定する気持ちで過去を語っている人が多いことは確かである。」

この章で、私は、ラボっ子ＯＢ・ＯＧたちに見られる好ましくもあり、望ましくもある資質能力を整理し説明してきましたが、テューターたちの長きにわたる好意的なお世話と村田さんの添え言を念頭に置きながら「ラボ教育メソッド」の効能をしっかりと確かめていただきたいと思います。

第五章　社会力が人類社会を救う

この本もいよいよ最後の章になりました。章の表題を見ていささか大袈裟に感じた読者も少なからずいたのではないかと思いますが、私は、社会力に裏づけられたラボっ子OB・OGたちに見られた特性あるいは資質や能力こそ、これからの社会で必要とされるものであり、人類社会が抱える難問を解決し、持続可能な社会を実現していく上で必要とされているものであると考えています。そこで、本章では、私がなぜそう考えるようになったのかを、わが国の若い世代の人間形成の在り方についての懸念を踏まえながら説明することにします。

第一節　変容する若い世代を追って

初めに個人的なことを書くことをお許しいただくことにします。

研究者としての私の専門領域は教育社会学です。教育社会学という学問は、①この世に生まれたヒトの子はどのようにして健全な社会人になっていくのか（社会化の過程）と、②教育を受けることが社会でどのような結果をもたらすのか（学歴の機能ないし効用）を主たる研究のテーマにしています。教育社会学者として私が最初に取り組んだテーマが「明治以降、わが国の若者はどのような人間になろうと勉学し努力してきたのか」ということでした。その延長で、現代の若者たち（子どもも含む）がどのような人間に育っているかについても関心を寄せてきました。詳しくは触れませんが、大学と大学院で指導を受けた先生の仲立ちもあって、一九七六（昭和五一）年から開始された「東京都青少年基本調査」を受託し、代表者として調査に関わることになりました。当時はまだ高度経済成長期の只中にあり、進学や就職などで多くの青少年が地方から東京に移動するという事態が続いていました。そのような事態が続く中で「青少年問題」が都市問題の一つとして浮かび上がってくることになり、一九七〇年頃から青少年を理解するための継続的な調査を行う必要があるということになっていました。予備的な研究をした上で開始されたのが先の調査です。

この調査は東京都に住む一五歳から二九歳までの青少年を対象にした調査で三年に一回継続して行う調査でしたが、私は一九九七（平成九）年に行った第八回調査まで二五年ほどこの調査に関わることになりました。その間、一九七八年には、第一回調査をもとに『現代青年の意識と行動』（ＮＨＫブックス）という本を出版してもいます。

東京都の調査を続けながら、私は個人的には、『子ども再考ノート』と名付けたＡ４判のノートを作っていました。このノートは、子どもや若者たちにその時々にどのような変化が見られるかを報じる連載記事や、子どもや若者たちが起こした事件や犯罪を報じる記事や、新聞社や役所が子どもや青少年を対象に行った調査の結果などを集め、張り付けたスクラップブックのようなものですが、一九八二年一二月から始まる一冊目から二〇〇九年一二月で終わる五〇冊目まで作り続けていました。こういう作業を続けながら三〇年近く自分なりに子どもの変容を観測し続けてきたということになります。

このようなことを続ける少し前から、私は子どもの遊び場づくりにも関わるようになっていました。きっかけは私自身が子どもの親になったことと、一九七二年から始まった通産省所管の「余暇開発センター」の仕事を手伝うことになったことでした。私が父親になったのは一九六八年ですが、その頃すでに「都会にサンマがいなくなった」ということが子どもに関わる仕事をしていた人たちの間で問題にされていました。サンマがいなくなったということは、〝サンマ〟すなわち〝三つの間〟がなくなる事態が進んでいるということです。具体的には、〝三つの間〟すなわち「遊ぶ空間」と「遊ぶ時間」と「遊ぶ仲間」

がなくなった、あるいは減少したということです。高度成長期に都市化が進んだ結果、原っぱや小山や川原など、かつては子どもたちの格好の遊び場であったところがビル街や高速道路になり、高校や大学への進学競争が激しくなるにつれ塾通いが増えて遊ぶ時間がなくなり、同時に放課後や休日に外で遊ぶ子も少なくなり、遊ぶ仲間もいなくなったということで、都市化の進行が、子どもが育つ環境を大きく変えたということです。このような環境の変化で子どもの「遊ぶ意欲」そのものもなくなったということで、心ある親たちの間で子どもたちが思いっきり遊べる遊び場をつくろうという声が高くなり、私も行き掛かりからその一翼を担うことになりました。一九七五年にＩＰＡ（国際遊び場協会）の会員になり、ＩＰＡ日本支部を立ち上げ、ＩＰＡ本部の国際理事になり、一九九〇年にＩＰＡ国際会議を日本で開催するまで二〇年ほど遊び場づくりに関わってきました。

第二節　若い世代の異変の内実

個人的な話がやや長くなりましたが、二〇〇〇年にラボ教育センターと深く関わるようになる前に、私が何に関心を持ち、研究者としてどんなことをしてきたかを知ってもらうことが、なぜ私がラボ教育メソッドを高く評価することになったかを理解していただく上で大事なことと考え記しました。煎じ詰めて言えば、私はかなり早くから高度成長期以降の社会の急激な変化の過程で、子どもたちに見られる急激な変化、あるいは子どもや若者たちの〝異変〟に注意を払い、観察しつつ、変質を食い止めるための活動にも積極的に関わってきたということです。

この間、世間一般でも、子どもや若者たちに見られる異変について様々に指摘されるようになっていました。例えば、「自閉する子どもたち」「非人間化する子ども」「退化する子ども」「感情をなくす子ども」「人間になれない子どもたち」「コンピュータに育てられる子ども」「コンピュータ新人類」「メディア人間化する若者」「ネットに奪われる子どもたち」「滅びゆく思考力」「脳内汚染」といった言い方で、次々に子どもや若者の異変を問題化する言説が単行本となり、雑誌論文となり、新聞記事となって指摘され、問題にされるようになっていました。こうした指摘と平行して、実社会では、渋谷のコインロッカーに嬰児の死体が捨てられていたとか（一九七三年）、東京の世田谷区で一六歳の孫が祖母をナイフで殺したとか（一九七九年）、川崎市で浪人中の予備校生が両親を金属バットで殺害したとか（一九八〇年）、横浜市の公園で中学生一〇人が浮浪者を襲撃し殺したとか（一九八三年）、連続幼児殺人事件を起こした若い犯人の自宅から大量のビデオが発見されたとか（一九八八年）、東京の綾瀬で少年四人が女子高生を監禁して殺し、遺体をコンクリート詰めにして遺棄したとか（一九八九年）、神戸市で市立中学校の校門前に殺した小学校六年生の頭部を放置した（一九九七年）といった、それまでにはありえない青少年によるおぞましい事件が起こり世間を驚かせていました。こうした事件が次々に起こるとなると、世の多くの人たちは「近年の子どもや若者たちは変わった」とか「最近の子どもの人間形成の在り方に異変が生じているのではないか」と考えるようになるのはごく自然の流れであったと言えます。私自身もそう考えた一人でした。

子どもや若者の変質についての私の見方を披瀝する前に、子どもや青少年が育った環境がどんな変化を遂げていたかをもう少し見ておくことにしましょう。高度経済成長に入った一九六〇年以降の変化はまさに〝劇的〟と言うしかありません。労働者の平均月収は高度成長期に入った一九六〇年の三万円足らずから、一五年後の一九七五年にはほぼ七倍の二〇万円ほどになり、所得の急激な増加はテレビや冷蔵庫や洗濯機などの購入を促し、一九六〇年から一〇年後の一九七〇年にはほぼ全戸（九二％以上）に行き渡るという普及ぶりで、それまでの家庭での生活を一変させることになりました。テレビが全戸に普及した頃、今度はファミコンやゲームソフトが発売され、一九八〇年代に入るとあっという間に家庭に入り込んで子どもたちをとりこにし、追っかけパソコンやコンピュータも学校や家庭で使われるようになり、子どもたちを巡る生活環境は劇的に変化したと言っていいでしょう。こうした事態は東京など大都市圏のことだけでなく、程度の差はあれ、地方都市や農山漁村部でも同じように見られたことでした。

こう説明しても高度成長期以前のわが国の暮らしがどうであったかを実際に経験したことがない人には、もっと詳しく具体的に説明しないとどう変わったのかよく理解できないと思いますが、子どもたちが育つ環境は、高度成長期以前と以後では、地域においても家庭においても、まさに〝劇的に〟変化したと言うのが事実です。NHKの放送記者でもあった瀧井宏臣氏の言葉を借りて言えば、まさに「子どもたちのライフハザード（Life-Hazard）」すなわち「子どもたちがいきいき暮らす普段の〝生活の場〟と、すくすく育つはずの地域という〝生育の場〟が、二つながらに根本的に変わった」ということになります（『こどもたちのライフハザード』岩波書店）。

このような子どもの生育環境の劇的な変化の過程で、子どもたちの何が変わったのか。私の見方を一言で言えば「他者と現実の喪失」ということになります。

具体的に説明すれば、「他者の喪失」とは普段一緒に暮らしている人であれ、テレビによく顔を出す人であれ、映画や物語に登場してくる人であれ、その人（他者）のことにさほど関心を持たず、それゆえその人のことが理解できず、その人をわがことのように思えるようにはならないということです。大事なのは何より自分のことで、他の人のことは「関係ない！」と一線を画す傾向が強いということです。こうした変質は、「ひと（他人）の振り見てわが振り直す」とか「ひと（他人）事とは思えない」とか「ひと（他人）手を借りる」とか「ひと（他人）眼を忍ぶ」といった言い方に見られるように、普段から他者の存在や他者との関係を重んじて生きてきた日本人にとって、極めて重大な変化であると言えます。

もう一つの「現実の喪失」とは、自分が日々生きている実際の世界より、テレビの画面やゲームや漫画に描かれている仮想の世界の方に現実味を感じてしまう傾向が強いということです。このように、現実の世界より架空の世界の方に本物らしさを感じるようになると、日常実際に私たちが使っている言葉の意味もほとんど通じなくなるということになります。ゲームばかりして架空の世界に夢中になっている子に「そんなことでは他の子と仲良くできないよ」と言ってあげても、現実の世界のイメージがまったくない子には何を言われているか理解できないということにもなります。

「他者と現実の喪失」という言い方で私が懸念してきたことは、他者と現実の世界について具体的なイメージが描けないとしたら、私たちが生きているこの社会は社会として成り立たなくなるということでした。人間は「人の間」と書くように、また、人間は社会をつくってこそ生きてくることができた社会的動物であると言われてきたように、基本的に、社会は人と人がつながって成り立っているわけですから、そのつながりがなくなり、砂のようにパラパラのようになれば社会を維持しようという意識も意欲もなくなり、ましてや社会をよくしようという気にもならなくなるということです。その先に見えてくるのは社会の崩壊であり、社会の解体でしょう。そうならないために、私が提案したのが「社会力を育てる」ということでした。「他者と現実の喪失」という事態を憂えているばかりでなく、反対に、積極的に社会をつくっていく力、すなわち日本の社会を立て直し、人類社会を救うために貢献できる力を育てるようにしようと考えたということです。では社会力を育てるためにどうしたらいいか。あれこれ考えることになりました。

第三節　子どもたちの変質を正す

色々調べているうちに偶然本屋で『赤ちゃんは知っている』（藤原書店）という訳本を見つけました。この本は三〇年ほど前から、世界各地の発達心理学者たちを中心に、生まれたばかりの赤ちゃん（新生児）がどんな能力を備えているかを、様々な実験を工夫して研究して分かったことをあれこれ紹介した本でした。この本で分かったことは、ヒトの子は生まれた直後から大人を探し、大人と直に関わることを望んでいて、実際にそれができる高度な能力を備えているというのです。このような事実が明らかにされたことで、それまでヒトの子ほど無能な状態で生まれてくる動物はいないと言われてきた赤ちゃんに対する見方や考え方が、ほぼ一八〇度ひっくり返えることになりました。

これをきっかけに関連する本を読むことで分かってきたのは、ヒトの子が社会的な動物として育つために絶対に欠かせないのは、生まれた直後からの他者との直接的な接触や交流であり、相互作用（Interaction、行為の交換）であるということでした。こうした事実をもとに色々勉強して分かったことを一冊の本にしたのが一九九九年に出版した『子どもの社会力』（岩波新書）でした。

詳しくは繰り返しませんが、ヒトの子は、①生まれてすぐに他者（特に大人）の顔を見つけ、②他者の発するコトバに耳を傾けて聞き分け、③他者が向けた視線の方向を理解し、④周りの他者からの働きかけに応答し、⑤主たる養育者である母親の声に呼応して自分の口を開け閉じし、⑥生後四か月頃には目に入ったモノに手を伸ばし、他者の注意を引くようになり、⑦九か月になると他者が向ける視線の先を追うようになり（視線追従）、⑧自分が興味を持ったモノに手を伸ばし、他者の注意を引くようになり（共同注意）、さらには⑨

他者とのやりとりを通して資質や能力が育つ

他者が向ける視線の先にあるモノを媒介にして他者と意志の疎通を図るようになる、というように、ヒトの子は生まれた直後から他者との直接的な行為のやりとり（Inter-Action、相互作用、行為の交換）を通して、社会的動物としての資質や能力を育てていくということです。私は、このような生まれた直後からの他者（大人）との相互作用によって〝社会力のおおもと（原基）〟とも言える他者への関心や愛着や信頼感が育つのであり、それが長ずるにつれ多様な他者との出会いや交流が増し、さらに強化されることになる、と言ってきました。こうした成長の過程を経て、人間は他者の心の中の状態（気持

多様な他者との交流で子どもは育つ

ち）や頭の中（考えや意図）を理解する能力を高めていき、高度な社会的知性を備えた社会的動物となって社会を維持し、さらによりよい社会をつくっていくことができるのだと言えます。

やや長くなった嫌いがありますが、このように説明してくれれば、なぜ私が「ラボ教育メソッド」を人間育てのための優れた方法であると高く評価しているか理解していただけたのではないかと思います。ラボの教育は、幼児から大学生までの異年齢集団で定期的に活動し、テーマ活動では物語の人物（他者）の意図や気持ちを自分の身体でどう表現をするかを皆で意見交換しながらまとめ上げ、キャンプでは全国各地から集まった大勢のラボっ子や海外からの友だち（他者）と交流し、外国でのホームステイでは異なる文化の中で生きる人たち（他者）と直接交流するという、いわば多様な他者と交流するという体験を人間形成の核にしていることに最大の特徴があります。それにテューターという魅力的な大人の女性に見守られ支えられて育つことができるというラボ教育メソッドは、社会力が育つ条件をほぼ完璧に備えていると言っていいでしょう。

私は、かなり早くから、子どもたちの社会力をしっかり育てることで互恵的協働社会を実現することが人類社会を救う道だと言ってきました（『社会力の時代へ』冨山房インターナショナル）。人と人を競わせ、競争を勝ち抜いた人間の能力を活用して科学技術を発展させ、付加価値の高い商品や製品を次々に開発することで経済成長を実現してきたいわゆる近代産業社会は、ほぼ限界に達し、様々な難題を抱え四苦八苦しているのが現状です。資源不足、食糧不足、水不足然り、大気汚染、環境破壊、温暖化然り、格差拡大、民族分断、宗教紛争然り、加えて新型ウイルス禍など感染症の世界的な多発然りです。こうした問題をどうしたら解決できるのか。

産業社会を支配してきた〝利己的人間観〟を捨て、数百万年の歴史を生き抜いてきた人類に固有の〝利他的人間観〟に立ち戻り、競い合うのではなく、互いに助け合い、譲り合い、協力し合う社会（互恵的協働社会）を実現するしかないというのが私の考えであり提案です。それを可能とするのが、まさに子どもや若い世代の社会力を育てることなのです。

あとがき ―これからのあるべき教育のために

ほぼ一五〇年前、一九世紀の終わり頃から始まった学校を中心とする近代の公教育は、ほぼ行き詰まりの状態に差し掛かっているように思います。不自然なことを無理に無理を重ねてやってきたことがいよいよ破綻しつつあるということです。ずばり言えば、近代公教育制度と言われる現在の教育は、産業社会を発展させるために役立つ有能な人間を探し出し、その能力を活用することで経済成長につなげ、国の富を増やすことを目的に考案され、実行されてきたやり方と言えます。二〇世紀の初め頃、どの国も国の発展のために本格的に教育に力を入れました。その当時の教育についての考え方を示す一つの証拠があります。アメリカの連邦議会に提出された産業教育委員会の報告書です。ここにはずばりこう書かれていました。「将来の国際競争は世界市場の争奪戦である。その戦いに勝利を占めるのは、自国の製品に最大の技術と頭脳を注ぎ込むことのできた国である」と。

わが国の義務教育は明治五（一八七二）年から始まり、誰もが学校に行き、勉強しなければならなくなりました。こうなったことを貧しい家の子も勉強できるようになってよかったと言う人もいますが、実は、国としては全員に学校に来させ、国が認めた教師に一斉に同じことを教えることを求め、定期的に試験をして成績を付けさせ、出来る子とそうでない子を仕分ける（選別する）ことが目的だったのだと知ったら、どの子にも幸せな生涯を送ってもらおうと学校を作り、勉強させたのでないということが分かるはずです。必ず同じ年齢の子だけでクラスを作り、必ず同じ教科書を使って教え、必ず試験をして成績を記録するという学校での教育の仕方が、いかに不自然なやり方であるかということが理解できると思います。新聞やテレビのニュースなどでも報じられていますが、近年、学校に行きたがらない小学生や中学生が増えていて、中学生は一〇人に一人が不登校気味であるという調査もあります。イギリスには、今の教育のやり方をこのまま続けたら二〇三三年には自己崩壊すると予測している社会学者もいます。

今、人類社会が困難に直面しているのは教育の在り方だけはありません。第五章でも触れましたが、原油や石油などの資源不足や二酸化炭素の排出過多による地球の温暖化、それに二〇一九年末に中国の武漢市から始まったという新型コロナウイルスによる災禍など、近代産業社会が際限なく推し進めてきた科学による自然破壊のツケが様々なかたちで表面化してきています。私が長く敬愛してきた慶応義塾大学名誉教授の鈴木孝夫氏の言によれば、「地球上で人間だけが進歩発展を続け、自然を破壊し続けてきた結果、今や地球の生態系は限界に達しており、その限界からの反転作用として起こったのがコロナウイルス禍である」となります。このままでは人類社会は存続も危ういところまで来ていると言っていいほどで、今こそ近代産業社会は一八世紀の半ばから三〇〇年ほど続けてきた生き方、科学技術の際限ない発展を追求することで自然を征服し、快適で便利な生活を実現してきた生き方を根本的に改め、自然との共存を図り、すべての生き物と共生し、モノの大量生産と大量消費を止め、他国との争いは無くし、互いに助け合い、協力しつつ生き延びていく方向へと大きく転換していくべき時期と心得るべきです。

そのためには何から手を打つべきか。まず考えられるのが、これからのあるべき望ましい社会を構想し、それを実現し、実行していくことができる人間を育てることです。では、そのためにどのような社会や人間をイメージしたらいいか。社会のイメージを言えば、国や言葉、文化や宗教、人種や民族、慣習や歴史などの違いを超えて、互いに譲り合い、助け合い、知恵を出し合い、協力しながら生き延びていくような社会ということになります。また、望ましい人間として私がイメージするのは本書で紹介してきたラボ教育メソッドで育ってきた人たちです。より具体的には本書の第三章でその人となりを見てきたラボっ子OB・OGたちです。そして、第四章で整理した資質や能力を身に付けた人たちということになります。

目下、ＡＩ（人工知能）の進歩が著しく、二〇四五年にはＡＩが人間の知能を凌ぐまでになると言われています。いわゆるシンギュラリティの到来です。そうなることを見越してわが国は Society 5.0 とかいう社会をつくるのだと言います。人間に代わってロボットが活躍し、現実世界と仮想世界が混在する不気味な社会にするのだと言います。そうなったら、ホモサピエンスとしての人類は大きく変質することになると心配する人も少なくありません。私もその一人ですが、社会的動物としての人類が変質したら社会そのものが成り立たなくなるというのが私の見立てです。そうならないためにも、私たち人間は社会力をしっかり育て、その日に備えていなければならないのだと言えます。

となれば、これからの望ましい公教育の在り方は、ラボ教育メソッドが実現してきた自由で自主的で、多様な人たちとの共同活動を多く取り入れるという考え方ややり方をできるだけ取り入れ実行することになりますが、こうしたやり方は一つだけと考える必要はありません。むしろ、考え方は同じであってもやり方は様々あるはずで、そのことを踏まえれば、学校という教育の場の在り方は、現在のように全国のどの学校も同じというのではなく、様々なやり方を工夫した多様なかたちがある方が望ましいということになります。多様な学校があり、子どもたちが自分に合った学校を自分で選べるようになったらなお好ましいことです。

そんな絵空事のようなことを言っても無理と言われそうですが、そうではありません。北欧諸国の国々、例えばスウェーデンやフィンランド、あるいはオランダなどでは子ども一人ひとりを徹底的に大事にする教育を二〇年以上も前から始めています。外国だけではありません。わが国でも百年近くも前の大正時代、「池袋児童の村小学校」に代表される子ども中心の自由な教育を実行した学校がいくつもありましたし、今でも「どの子も善きものを持っており、それを開き伸ばしてあげるのが教育だ」という考えのもとに四〇年以上教育を続けてきた「白根開善学校」という全寮制の学校もあります。また、昨年オランダのイエナプラン教育を実践することを目的にした学校がすでにできていますし、同じような教育を目指して計画中の県や市が少なからずあるとも聞きます。私が教育長を務めていたつくば市も新しい教育大綱を作り、新しい教育を目指すことにしました。このように、産業社会の僕《しもべ》になっている現在の学校教育から、子ども一人ひとりを大事にする教育へと脱皮する動きは今後ますます増えていくであろうと私は考えていますし、期待もしています。その時、ラボ教育メソッドの魅力が見直され、模範にされることになるだろうと思っています。

本書をこのようなかたちにまとめるに当たっては、多くの方々にお世話になりました。

ラボっ子OB・OGたちへのインタビューに当たっては、ラボ教育センター教育事業局長の木原竜平氏に設定から記録まで終始お世話になりましたし、書き終えた原稿にすべて目を通していただき正確を期していただきました。また、二一名のラボっ子OB・OGの方にはインタビューに快く応じていただいた上に、お忙しい中、原稿をお読みいただき不備をチェックしていただきました。共に厚くお礼申し上げたいと思います。

最後になりましたが、本書をインドネシアの首都ジャカルタで、二八歳の若さで不幸な死を遂げられたラボっ子OG西村良美さんの霊前に捧げ報告にしたいと思います。西村さんはNHKのキャスター・大越健介さんが自著『激動の世界をゆく』（小学館）でこう書かれたラボっ子でした。

「良美さんは国境や人種、宗教や風俗の違いといった壁を軽々と飛び越えて、世界に羽ばたいた人だ。人と人とを隔てる壁を飛び越えて、誰とでも同じ目線で、笑顔で接することができた人だ。広く人と人をつなぐことができる稀な人だった」と。

このような西村さんは、私が社会力豊かな人間としてイメージしている人間像とほとんど重なるものです。わが国の多くの子どもたちや若者たちが西村さんのような人間として育ってくれることを切に願うものです。

最後の最後になりましたが、本書も『社会力の時代へ』に続き、冨山房インターナショナル社の坂本喜杏社長と新井正光編集主幹のご厚意によるものです。記して感謝の意を申し上げます。ありがとうございました。

二〇二〇年四月二〇日　庭の木々の緑が日々に濃くなる春に記す。

門脇厚司

門脇厚司（かどわき　あつし）
1940年生まれ、山形県出身。1970年、東京教育大学大学院教育学研究科博士課程修了。専門は教育社会学。筑波大学名誉教授。筑波学院大学学長、日本教育社会学会長、つくば市教育長等を歴任。
主な著書—『子どもの社会力』『社会力を育てる』（以上岩波新書）、『学校の社会力』『親と子の社会力』（以上朝日選書）、『社会力がよくわかる本』『社会力再興』（以上学事出版）、『社会力の時代へ—互恵的協働社会の再現に向けて』（冨山房インターナショナル）ほか。

社会力育ての現場を訪ねて
—ラボ教育メソッドの魅力と価値

二〇二〇年十一月三日　第一刷発行

著　門脇厚司
発行者　坂本喜杏
発行所　㈱冨山房インターナショナル
東京都千代田区神田神保町一—三　〒一〇一-〇〇五一
電話〇三（三二九一）二五七八
URL:www.fuzambo-intl.com
印刷　㈱冨山房インターナショナル
製本　加藤製本株式会社

ISBN978-4-86600-088-6 C0037